财务会计与
管理会计融合发展研究

郭兆颖　著

吉林出版集团股份有限公司｜全国百佳图书出版单位

图书在版编目（CIP）数据

财务会计与管理会计融合发展研究 / 郭兆颖著 . ——
长春 : 吉林出版集团股份有限公司 , 2022.12（2023.9 重印）
　　ISBN 978-7-5731-2595-8

　　Ⅰ . ①财… Ⅱ . ①郭… Ⅲ . ①财务会计—关系—管理
会计—发展—研究 Ⅳ . ① F234.4 ② F234.3

　　中国版本图书馆 CIP 数据核字 (2022) 第 241069 号

CAIWU KUAIJI YU GUANLI KUAIJI RONGHE FAZHAN YANJIU
财 务 会 计 与 管 理 会 计 融 合 发 展 研 究

著　　者：郭兆颖
出版策划：崔文辉
责任编辑：刘　洋
出　　版：吉林出版集团股份有限公司
　　　　　（长春市福祉大路5788号，邮政编码：130118）
发　　行：吉林出版集团译文图书经营有限公司
　　　　　（http://shop34896900.taobao.com）
电　　话：总编办0431-81629909　营销部0431-81629880 / 81629900
印　　刷：保定市铭泰达印刷有限公司
开　　本：787mm×1092mm 1/16
印　　张：11.5
字　　数：212千字
版　　次：2022年12月第1版
印　　次：2023年9月第2次印刷
书　　号：ISBN 978-7-5731-2595-8
定　　价：58.00元

印装错误请与承印厂联系　电话：15732222258

目 录

第一章 财务会计的基本理论

第一节 经济环境与财务会计演变

资本是趋利的，在信息不对称的资本市场上，投资者之所以愿意将其所拥有的财务资本让渡给企业管理当局管理，企业之所以能够筹集到经营发展所需的资金，财务会计及其报告的地位和作用不可忽视。在经历了与资本市场之间的相互制约和互动发展之后，从传统会计分离出来的财务会计在确认、计量、记录、报告方面进行了一次次的革新，形成了相对独立的财务会计理论体系，这一理论体系随着经济的发展与资本市场的变迁还在不断地丰富和发展。

一、信息不对称与财务会计

在所有权和经营权分离的情况下，公司的管理当局与外部的投资者之间所拥有的公司信息并不对称，这一信息不对称会产生逆向选择和道德风险的后果。其中前者因为公司的内部人（诸如管理层等）比外部股东或债权人拥有更多关于公司当前状况和未来前景的信息，内部人可能会以牺牲外部人的利益为代价来谋取私利；后者则表现为外部的股东或债权人不能观察到管理层的努力程度和工作效率，管理层因此而偷懒，或者将经营失败的原因推卸到外部不可控因素。

如果"知情"的管理当局作为内部人，能够遵循"自我道德约束"来编制财务报表以提供给外部信息使用者作为决策依据，那么资本市场的信息不对称问题将由于"自愿披露"行为以及投资者的信任而缓解。然而问题在于，道德规范并不总是有效的，通过会计数字操纵进行造假或欺诈的案例屡屡出现。究其原因在于会计信息是一种复杂的重要的"商品"，不同的人对其会有不同的反应，由此会影响到个人决策，进而影响到市场的运作。作为会计信息的主要载体，公开披露的财务报表是由公司的管理层来编报，而依靠会计信息进行相关投资决策的外部投资者则处于信息劣势。为了保证会计信息的真实与公允，必须有一个制度安排，这就是由"公认会计原则"（GAAP）或会计准则直接规范财务报表的内容及形式，再由独立审计加以验证。这一制度背后的机理是，如果GAAP是高质量的，又有独立审计验证由其产生的会计信息质量，财务报表提供的信息质量应该得到合理的保证。

二、资本市场环境下财务会计理论的发展

资本市场是一国市场体系的核心，它在促进社会资源有效配置以及资产有效分布的同时，也是信息的集聚地。投资者、债权人以及上市公司等利益集团或个人都需要了解上市公司的财务状况、经营成果以及现金流量状况的信息，并根据这些信息进行投资或决策。在资本市场比较发达的情况下，决策有用观对于会计职业界以及会计准则制定机构都具有深远的影响。资本市场发达的美国提出，财务报告的首要目标就是"提供对投资和信贷决策有用的信息"。公允价值就是与其密切相关的一个重要且颇有争议的概念。

（一）公允价值

尽管本质上适应工业经济的历史成本会计仍然占据主要地位，但是人们发现它已经越来越不适应经济的发展，一些对企业价值产生重要影响的事项和情况，如金融衍生工具、自创商誉、生物资产、人力资源已经无法为传统会计体系所反映。投资者和信贷者在让渡以现金为主的资源使用权后，都希望在未来获得公平的现金回报，而根据过去的历史成本无法预测未来以及为正确决策带来直接的帮助，因此人们在竭力寻求一个能够弥补这一缺陷的新的会计模式。

自1990年开始，美国证券交易委员会（简称SEC）前任主席道格拉斯（Douglas Breeden）就公开倡议所有金融机构都按市场价格报告所有的金融投资，认为公允价值是金融工具最相关的计量属性。西方国家的准则制定机构都纷纷响应，努力扩展公允价值计量属性在财务报告中的应用，以摆脱现行历史成本会计模式正在失去相关性的批评。

所谓公允价值是指一项资产或负债在自愿双方之间，在现行交易中，并非强迫或清算所达成的购买、销售或结算的金额。可见公允价值是对未来交易的估计，是估计未实际发生但将进行现行交易的价格，不同于历史成本是以过去的交易或事项为基础的交换价格。公允价值与历史成本的主要区别在于：首先，公允价值不是建立在已发生的交易的基础上，而是建立在意图交换的双方虚拟交易（非现时交易）的基础上；其次，公允价值不是现时交易达成的交换价格，而是在未实现交易基础上的市场价格。

必须强调的是，公允价值是在没有真实交易的条件下，对意图进行的现行交易的价格进行的估价。也就是说，公允价值是双方已愿意进行现实交易，但是尚未存在实际交易的情况下，对交易中资产或负债的估计价格。

作为一种计量属性，公允价值计量的目标是在缺少实际交易的情况下为资产和负债估计现实交易价格。这种估计是参照假定的交易来确定的。通常可以采用的估价技术有市场法（market approach）、收益法（income approach）及成本法（cost approach）。无论采用哪一种估价技术都必须注意三个原则：第一，所采用的估价技术应该保持一贯性；第二，估价是为了寻求可靠的公允价值，因此，只有在能产生更可靠的公允价值时，才应变更估价技术；第三，估计公允价值必须以市场信息为假定和数据源头。

与公允价值密切相关的概念之一是现值。美国财务会计准则委员会（简称FASB）曾经在其第5号概念框架里将"未来现金流量的现值"作为会计的一项计量属性。随后FASB经过数十年的研究，在第7号概念框架中，上述观点被明确否定，提出"未来现金流量的现值"技术是估计公允价值的手段。现值并不一定代表公允价值，因为用一个随意设定的利率对一组现金流量进行折现都可以得到一个现值，但是这样做并不能为使用者提供有用的信息。因此，在运用现值技术估计公允价值时，关键是要符合或大致接近交易双方自愿达成的金额。

（二）业绩报告的改进——综合收益表

在历史成本计量模式下，在初始计量后，只需要考虑摊销或分配，并不需要在后期考虑持有资产价格的变化，即不会形成未实现的利得和损失。但是如果采取公允价值在内的现行价值计量，就必然会产生未实现的利得和损失。在现行会计实务中，对资产持有期间的价值变化的处理并不统一，有的计入当期损益，有的计入所有者权益，还有的允许同一项目在上述两种方法中选择，这种处理方式直接影响了收益表的信息含量。传统收益表的不完整使得使用者无法了解报告主体在一个会计期间全部的财务业绩，进而也就无法对未来的结果和现金流动做出评估。由此以综合收益表完整地对会计主体的业绩进行报告成为今后会计的发展方向，日益得到理论与实务界的重视。

综合收益概念的内涵在于，确认收益要遵循"资产负债观"而不是"收入费用观"。不过目前的综合收益表包含的内容除了传统损益表的内容外，只包括限定项目所形成的其他收益，也就是说仍然建立在"收入费用观"的基础上，但是逐渐在向"总括收益观"靠拢。

所谓"资产负债观"指利润是剔除所有者与企业的经济往来后，企业在某一期间内净资产变动额。可见"资产负债观"强调的是企业资本的保全，认为资本保全后才能计算利润。而"收入费用观"则认为利润是收入和费用配比的结果，如果收入大于费用则为盈利，反之则为亏损。对于"收入费用观"有两个基本观点，一是"当期经营观"，另一个就是"总括收益观"。前者认为企业的经营业绩应体现来自于经营活动的结果，而不应该包括非经常性损益。而后者则认为企业在存续期间内，各个会计年度报告的利润之和必然等于该企业的利润之和，如果非正常损益不包括在当期利润中，就可能导致后期利润被高估。因此总括收益应根据企业在某一特定期间所有交易或事项所确认的有关企业业主权益的全部变动（不包括企业和业主之间的交易）加以确认。

纵观财务业绩报告的改革趋势，在保留传统利润表的基本结构下，将综合收益表纳入业绩报告体系的思路已经被大多数国家的准则制定者所考虑或接受。FASB提出了两种建议格式：第一种是在传统利润表的基础上，单独设计一张综合收益表，与传统利润表一起共同反映全面的财务业绩，综合收益表以传统利润表的最后一行作为该表的第一行，以"综合收益总额"作为最后一行。第二种是单一报表格式，即将传统利润表与综合收益表合二为一，称为收益与综合收益表，在该报表中，传统利润表的最后一行——"净收益"作为综合收益总额的小计部分。尽管这一格式将综合收益纳入同一张表内，便于使用者分析，而且无需增加新表，但是由于将净收益作为收益总额的小计部分，可能会降低利润表的重要性，因而遭到许多人的反对。

（三）会计准则制定方式的转变："规则基础"转向"原则基础"

举世瞩目的美国2002萨班斯——奥克斯法案（Sarbanes-Oxley Act of 2002）可以说在某种程度上是由安然、世通等财务欺诈案件所引发出台的。该法案不仅要求组建上市公司会计监察委员会（PCAOB），加强对独立审计师的监管，值得一提的是也在会计方面采取了重大措施，其一即提出了新的会计准则的制定方式：改变了原来以规则为基础的制定方式，转向了以目标为导向、以原则为基础的制定方式。

有观点认为，美国的会计准则是以规则为基础的，而安然事件中的一个关键词，即"特殊目的主体"，就是基于美国会计准则的规则基础背景下产生的。但也并不是说按照原则基础的会计准则制定方式，引入"实质重于形式"

的原则就可以避免，但至少能约束安然的欺诈行为。如果引入"经济人"假设和会计准则具有经济后果的假设，对此问题的回答就不是用"能"或者"不能"可以解决的，问题将会复杂化。

在"经济人"假设下，人是自利的，是期望在现有的规则范围内能够最大限度地实现自我利益的，而如果会计准则又具有经济后果，他们就会利用所有能够采取的手段，在现有的"政策"内寻找一切可能的空间，按照准则来设计其业务，进而创造性地产生了"没有违反准则"的会计行为，而这并不是会计准则意图达到的目的。可以说，以规则为基础的会计准则会引导会计信息的提供者更多地去寻求对法律形式的遵守，而不是反映交易和事项的经济实质。但是仅以原则为基础，会计准则的编制者以及审计师在具体操作时，将十分困难，因为即便是职业判断，也需要必要的指南。换句话说，现有的以"规则为基础"的会计准则会成为部分人规避会计准则真实意图的借口及手段，然而单纯地强调抽象的原则，也会导致会计准则应用和操作方面的不可行。因此，以目标为导向、以原则为基础来制定会计准则成为一种理性的选择。

这一准则制定方式的特征表现为：以已经改进并一贯应用的概念为基础；以明确提出的会计目标引导会计信息提供者及审计师更为关注事项或交易的经济实质；提供的是充分且并不模糊的有关目标的细节及结构；尽可能减少准则中的"例外"；尽量避免使用"界限（线）"进行界定或测试。

三、我国财务会计的发展与改革现状

（一）我国财务会计的发展历程

自1992年起，我国开始实行社会主义市场经济体制，企业真正成为市场中的经营主体，所有权性质呈现多元化，经济活动复杂化。同年10月成立的中国证券监督管理委员会标志着我国证券市场的正式建立，随之而来的便是公司上市、并购和重组、企业跨国融资等市场经济经营活动。与此同时，我国逐步建立起与市场经济体制相适应的会计模式，并开始了以会计国际化为方向的会计改革路程。

面对日益复杂化的经济业务形态，财政部和国家体改委于1992年联合颁布了《股份制试点企业会计制度》以及《企业会计准则（基本准则）》，二者都对国际会计准则体系进行了借鉴。基本会计准则颁布实施后，我国于1997年又颁布执行了第一个具体会计准则——《关联方关系及其交易的披露》。在具

体准则陆续制定与实施期间，我国于1998年开始实施《股份有限公司会计制度》，后又于2001年颁布实施了《企业会计制度》。

由于国际上通行的会计规范形式是会计准则，我国在保持会计制度的同时，又不断完善我国的会计准则体系，在2006年2月15日颁布了新的会计准则体系，包括1项基本会计准则和38项具体会计准则，随后又于2006年10月30日颁布了32项具体准则的应用指南。从整体上看，该准则体系充分实现了与国际惯例的协调，起点高，内容全面，充分体现了我国会计改革的国际化。该准则有关会计确认、计量和报告的标准更加准确，尤其在会计计量、企业合并、衍生金融工具等方面实现了质的突破。

（二）我国现行会计准则体系的主要变革

1.会计准则体系日趋完善

我国的会计改革国际化的突出成果是形成了日趋完善的会计准则体系，目前这一体系由1项基本会计准则、38项具体会计准则、32项应用指南及1个附录所构成，废止了应用多年的会计制度。基本会计准则属于准则的一部分，具有法律效力，其目的在于规范具体准则的制定，这一点不同于财务会计概念框架。财务会计概念框架的目的在于提供一种理论支撑，不属于准则的组成部分。

2.明确的理念指导会计准则的建立

现行准则体系的一个重要特色是以"资产负债表观"为总的指导理念，淡化了一直在我国理论与实务界占据重要位置的"利润表观"，强调了考核企业的着眼点是其可持续发展，要从净资产角度来判断交易的发生、企业的增值等，而不是当期的收益。

3.会计确认、计量和报告具有强制性

现行会计准则体系的核心是确认、计量和报告，因此具有强制性，而有关会计记录的规定没有出现在具体会计准则或基本会计准则中，仅仅以附录的形式规定了会计科目和账务的处理，在会计科目的设置方面也打破了原先的行业界限。体现了企业的会计记录只要以准则为导向，不违背确认、计量和报告的有关规定，就可以结合实际情况做灵活处理。

4.突出强调了财务报告的地位与作用

国际会计准则改称为国际财务报告准则，从某种程度上也显示了财务报告地位的日趋重要，在我国现行的准则体系中也体现了这一点。现行的财务报告体系主要由报表和附注构成，对附注的有关规定体现了其规范化、结构化和国际化的特征。由此，投资者等信息使用者在利用会计信息进行相关决策时，不仅要依据报表，还要借助于附注。财务报告在我国会计准则中的地位得到了加强。

5.广泛而谨慎地引入公允价值计量属性

尽管历史成本具有较大的可靠性，但其与投资决策的相关性较弱，而公允价值对于经济业务（尤其是一些衍生金融工具业务）的决策则具有较大的相关性。当然，由于公允价值经常依据估计与判断，存在较大的风险和不确定性，因此我国根据实际情况在现行会计准则体系中广泛而谨慎地引入了公允价值计量属性。也就是，尽管历史成本仍然是主要的计量属性，但如果存在活跃市场，公允价值在有确凿证据支撑的情况下，就可以采用公允价值。

第二节　财务会计概念框架

财务会计概念框架是规范会计理论中的最实用的部分，其研究起源于20世纪30年代的美国，早期主要涉及以财务会计基本概念、原则为主要内容的理论体系，直至1976年，FASB在一份题为《概念框架项目的范围和含义》的征求意见稿（ED）里正式出现了"财务会计概念框架"的说法。目前一些国家和主要国际组织，如国际会计准则理事会（简称IASB）以及英国、加拿大、澳大利亚等国均效仿美国出台了各自的概念框架文件，取得了积极的成果，相关的研究也已经成为财务会计理论的核心内容。虽然各国对"财务会计概念框架"的公告的名称并不一致，但其实质都基本相同，即都是对财务会计和会计准则制定过程中涉及的一些基本概念进行研究，以更好地指导会计准则的制定或会计实务，为其提供一个比较一致的概念基础，并作为评估既有会计准则质量的一个重要标准，指导发展新会计准则。

关于财务会计框架的逻辑起点的研究曾经有两个方向。在20世纪50年代，美国会计界试图建立"假设——原则——准则"的准则逻辑体系，但是以失败告终。而后在20世纪60年代，美国主流的会计理论研究提出"会计是一个信息系统"，并以此为基础提出将会计目标作为财务会计概念框架的逻辑起点，以目标、信息质量、要素、要素的确认和计量为核心，这条路一直发展至今。

一、财务会计目标

当"会计本质上是一个信息系统"的观点为人们所接受后，会计目标就成为财务会计概念框架的逻辑起点。由于在不同的社会经济环境里，信息使用者有差别，而财务会计的目标又密切依存于使用者的信息需要，因此并不存在一个完全一致的目标。综合各国的财务会计目标，主要涉及这样几个问题：谁是会计信息的使用者；会计信息使用者需要什么样的信息；哪些信息可以由财务会计来提供；为了提供这些会计信息需要什么样的框架。

（一）受托责任观和决策有用观

在回答上述问题的过程中曾经出现过两个代表性的观点：受托责任观和决策有用观。了解这两种观点从对立到相互融合的过程，可以进一步了解会计目标的发展和演变。

1.受托责任观

从历史来看，受托责任观的出现早于决策有用观。其最早产生于两权分立，委托代理关系明确稳定的经济背景下。受托责任观认为在所有权与经营权分离的背景下，为企业资源的提供者创造尽可能多的财富是企业管理者的受托责任，会计目标应主要定位在提供经管责任完成情况的信息上，对会计信息质量的首要要求是可靠性。进而可靠性又会对概念框架中的会计确认、计量以及会计要素的界定等方面产生相应的要求。例如对于会计确认，可靠性要求采用交易观，即只确认已经发生交易的经济业务，而对于具有一定不确定性的尚未交易的业务不予确认。至于会计计量，可靠性要求以历史成本为主，而现行价值或未来价值因其具有不确定性而被限制性使用。

2.决策有用观

随着资本市场的产生和发展，所有者和经营者之间的关系变得模糊且不确定，这一情况下对会计的要求更多的是要反映企业未来的发展趋势，仅仅提供经营者经营业绩的信息以反映其受托责任已经不能满足对会计信息的要求。由此，决策有用观的会计目标登上了历史舞台。

决策是面向未来的，决策有用观认为会计目标应定位在向会计信息使用者（包括现有和潜在投资者、信贷者、企业管理者和政府）提供有关未来现金流量的金额、分布和不确定性的信息，以帮助他们在预测未来时能产生有差别的决策。如果会计信息能够帮助投资者评价资产未来现金流的流量和风险，那么会计信息将有助于提升资源配置的效率。目前这一观点已经成为研究财务会计目标的主流观点。决策有用观对会计信息质量的要求除了可靠性外，更强调相关性。不同于受托责任观下的会计确认和计量手段，该模式要求会计确认采用事项观，即会计要对包括尚未发生交易的资产价值变动在内的全部经济业务加以确认，而会计计量则强调采用相关资产的公允价值。

受托责任观和决策有用观并不是相互对立的两种观点，后者是前者的继承与发展。可以看出满足决策有用会计目标的信息需求也能满足受托责任会计目标，早期受托责任观对企业利润的关注也已经被决策有用观对企业未来现金流量能力的关注替代。

（二）我国会计目标的定位

决定会计目标定位的因素主要是经济环境因素，在我国由于实行的是国家宏观调控的国民经济管理体制，证券市场还不发达，大众投资者比例较低，这样的环境决定了完全采用决策有用观也许尚不可行，而是应该兼顾受托责任观和决策有用观。

我国目前的财务会计目标是，"向财务会计报告使用者提供与企业财务状况、经营成果和现金流量等有关的会计信息，反映企业管理层受托责任履行情况，有助于财务会计报告使用者（包括投资者、债权人、政府及其有关部门和社会公众等）做出经济决策"。

具体来说，可以分为以下几个方面：

1.宏观经济调控

国家的财务信息需求。我国目前实行的是市场调节和国家宏观管理相结合的经济管理体制，由于市场经济机制尚未成熟，国家的宏观经济管理在整个国民经济管理中仍发挥主导作用。因此，不论是上市还是非上市企业都需要按照国家规定向有关政府监管部门提供其所需要的会计信息，以保证国有资产的保值增值，保证国家相关税费的稳定增长，维护社会主义市场经济秩序。

2.完成受托责任

公司管理层的财务信息需求。在两权分立的现代经营模式下，财务会计信息成为联系委托人与受托人之间代理关系的纽带，大量有关委托代理的企业契约是依托财务会计信息签订的。比如盈利信息往往成为衡量代理人努力程度的替代指标，委托人据此制订和执行奖惩计划；而从代理人的角度考虑，财务信息则成为其传递受托责任完成的信号。

3.促进资本市场资源配置

投资者和信贷者的财务信息需求。资源是稀缺的，如何有效配置稀缺的资源是资本市场的一个中心问题。财务会计通过提供可信、可靠、不偏不倚、能够如实反映交易的经济影响的财务信息，有助于资本市场参与者识别对资源相对有效和无效的使用者，有助于评估不同投资机会和报酬，有助于促进资本和其他市场的有效运行。

二、财务会计基本假设

（一）会计主体假设

会计主体又称经济主体。每个企业都是一个与其业主或其他企业相互独立的会计主体，会计计量和报告只是特定主体经营和财务活动的结果，而不是企业业主的活动。会计主体假设从空间上限定了会计工作的具体范围。会计主体的概念适用范围较广，如合伙、独资、公司（包括股份与非股份公司）、小型和大型企业，甚至还适用于企业内部的各个环节（如各个部门）或几个企业（如编制合并报表的母子公司）。这里必须要明确会计主体、法律主体和报告主体的区别。会计主体并不以法律主体成立与否为依据，凡是会计为之服务的特定单位都可以视为会计主体。法律主体则不同，例如有些国家只承认股份公司可以以法律主体的身份行使民事权利、承担民事责任，而否认独资、合伙企业的法律主体地位。会计主体和报告主体也有所区别。原则上会计主体既指平时进行会计处理的会计主体，也指期末编制财务报告的报告主体，但是存在一些例外。如合并会计报表的报告主体是公司集团，而公司集团并不是会计主体；再如公司的若干分部（地区分部或业务分部）若需要单独核算和报告时也可以作为一个独立的报告主体，甚至可以集会计主体为一身，当然所反映的内容将远小于企业的内容。

（二）持续经营假设

持续经营假设又称连续性假设，即除非管理层打算清算该企业或打算终止经营或别无选择只能这样做时，会计主体的目标不会改变，并且会按照现状持续不断地经营下去。在此假设下，财务会计的基本流程如确认、计量、记录和报告保持了一贯性，使财务会计得以在高度不确定性的环境中完成其流程循环。但是，当管理层意识到存在有关事项或条件的高度不确定性因素可能会引致人们对企业仍能持续经营产生重大怀疑时，则应披露这些不确定性因素。此外，如果有足够的相反证据证明企业无法持续经营，则破产清算假设将替代持续经营假设，这时财务会计在数据的处理、会计信息的加工以及提供财务报表的程序与模式等方面将会发生重大变化。例如以非清算为基础的折旧会计将不再适用。

（三）会计期间假设

在会计主体持续经营假设的基础上，出于提供及时的财务信息的考虑，凡是能反映企业财务状况和经营成果的财务报告，应定期予以提供。按照传统的商业习惯和所得税法的规定，所谓定期往往指一年一次。实务中企业的会计年度既有按照公历年度，也有按照自己的"自然"经营年度。近年来，上市公司还被要求提供中期报告，即以半年度、季度或月份作为分期基础，进而形成中期财务报告。

持续经营与会计分期假设是相辅相成、互相补充的。从一定意义上讲，前者更为重要，因为有了持续的经营活动，才有必要和有可能进行会计分期。当然，在新经济时代，互联网的运用将使新兴企业的财务报告采取实时传递的方式成为可能，如何使现有的财务会计的构造和作用适应这一发展态势还需加以深入地研究。

（四）货币计量假设

货币计量假设又称货币单位假设，认为会计是一个运用货币对企业活动进行计量并将计量结果加以传递的过程。会计信息以数量为主，这一假设给数量信息配备了统一的单位，进而使会计信息具有同一性和可比性。但是，由于作为计量单位的货币本身也存在"量度"上的局限性，即货币的购买力存在变化的可能，因此，货币计量假设的背后还隐含着币值不变的假设，这样才能使各个会计期间的财务会计信息具有一定的可比性。

三、财务会计信息质量特征

财务会计信息质量特征是连接会计目标和财务报告的桥梁，在整个概念框架中居于枢纽地位，这在各国的财务会计概念框架或类似的文件中都有所提及。FASB认为，对会计信息质量特征的界定具有以下作用：为制订与财务报告目标相一致的会计准则提供指南；为会计信息提供者在选择表述经济事项的不同方法时提供指南；增加会计信息使用者对会计信息有用性和局限性的把握，以便做出更好的决策。

（一）用户需求观和投资者保护观

目前关于如何评价财务会计信息质量的观点有两大类，即用户需求观和投资者保护观。用户需求观认为财务报告的质量是由财务信息对使用者的有用性决定的。美国财务会计准则委员会（FASB）的概念框架就是这一观点的主要代表。FASB以决策有用性为目标，提出了一系列以相关性和可靠性为核心的财务会计信息质量特征体系。与用户需求观不同，投资者保护观则认为财务报告质量主要取决于财务报告是否向投资者进行了充分而公允的披露，因此诚信、透明、公允、可比和充分披露等特征成为该观点支持的会计信息质量特征。投资者保护观的支持者主要是美国证券交易委员会、审计准则委员会等组织或机构。

（二）会计信息质量的特征要素

表面上看各国及国际会计准则理事会（IASB）对财务会计信息质量特征的界定似乎大同小异，但是如果仔细比较和分析，就会发现各自不同的信息质量特征体系在名称、基本背景、层次结构以及具体的属性定义方面都存在差异。例如，相关性在大部分国家的概念框架中是主要的信息质量特征之一，但是其内涵并不完全相同。美国、加拿大强调预测价值、反馈价值、验证价值和及时性。而英国则主要强调预测价值和验证价值，至于IASC和澳大利亚则除了强调预测价值和验证价值外，还强调对财务信息的性质及其重要性的关注。

由于美国在研究概念框架方面的领先地位，其研究成果已成为各国（包括IASB）在相关方面的研究背景。下面以FASB对会计信息质量各特征要素的界定作为参考，对几种主要的会计信息质量特征的内涵进行说明，最后介绍我国和IASB对财务会计信息质量特征的研究发展现状。

1.相关性

相关性是指会计系统提供的会计信息应该与使用者的决策相关。基于"决策有用性"的会计目标，对决策最为有用的信息是"能够帮助信息使用者在预测未来时能导致决策差别"的信息，因此相关性成为保证会计信息质量的重要特征。会计信息的相关性还必须具有预测价值、反馈价值和及时性三个基本质量特征。预测价值是指会计信息要能够帮助投资者预测企业以后的财务状况、经营成果和现金流动情况。反馈价值是指投资者获得会计信息后，能够据此修正以前的某些认识。会计信息的及时性是要求必须及时收集会计信息、及时对会计信息进行加工和处理，并且及时传递会计信息。

2.可靠性

可靠性是指会计信息应如实表述所要反映的对象，尤其需要做到不偏不倚地表述经济活动的过程和结果。可靠性具体可分为三个方面，即可核性、真实性和中立性。可核性是指不同的人，依据相同的信息输入、遵循相同的会计准则，可以从会计信息系统中输出相同或相似的结果。真实性是指会计信息应该反映实际发生的经济活动，通常所指的会计信息失真就是指会计信息不能够真实反映企业的经济活动。中立性要求会计人员处理会计信息时应保持一种不偏不倚的中立的态度，避免倾向于预定的结果或者某一特定利益集团的需要。

3.可比性

广义的可比性是指财务会计信息在同一会计主体不同时期之间和不同会计主体同一时期之间可以予以比较，从而使用户能够比较某两个时点或某两个时期的交易或事项，以及财务业绩的相似之处及其差异的质量属性。其中同一会计主体不同时期之间的会计信息的可比性又称为一致性，按照一致性的要求，会计方法的选择在前后期应保持一致；而不同会计主体之间的可比性又被称为狭义上的可比性，要求不同会计主体之间的会计政策具有相同的基础，会计信息所反映的内容基本一致。

4.可理解性

可理解性是指能够为信息使用者所理解，这是针对会计信息用户的质量特征。具体而言是要求财务信息应当为那些对商业活动和经济活动拥有合理理解能力，并且愿意花精力去研究这些信息的人士所理解。可理解性可划分为两类：与特定的决策者相关，或者与广大的各类决策者相关。

5.透明度

由于20世纪90年代美国上市公司存在严重的盈余管理现象，美国证券交易委员会（SEC）非常关注这一现象，希望从多个角度提高上市公司信息质量。1996年4月11日，SEC在其声明中提出三项评价"核心准则"的要素，其中第二项是"高质量"。对"高质量"的具体解释是可比性、透明度和充分披露。其后在1997年，SEC前主席莱维特（Levitt）在关于"高质量会计准则的重要性"的演讲中明确提出将透明度纳入准则高质量的特征体系中。

由于透明度适用的领域很广，迄今为止，对透明度的定义并没有统一。从会计的角度，可以将其理解为是对会计信息质量标准和一般意义上的会计信息披露要求的发展。可以这样认为：会计透明度是一个关于会计信息质量的全面要求，包括会计准则的制订和执行、会计信息质量标准、信息披露与监管等。

可见会计信息质量的透明度要求仅仅是其中的一个部分。

（三）我国财务会计信息质量特征体系

在2006年2月15日前，我国并没有专门提出一个会计信息质量特征体系，但是在相关会计法律法规中都以一般原则的形式提及会计信息质量特征。例如在1985年出台（又于1993年和1999年修订）的我国第一部《会计法》中提到了"保证会计资料合法、真实、准确、完整"的法律要求；在1992年颁布的《企业会计准则》里提到会计核算要遵循的有关原则，其中涉及真实性、相关性、可比性、一致性、及时性、可理解性、谨慎性、全面性、重要性等九个会计信息质量特征；在2001年颁布并执行的《企业会计制度》中也涉及会计核算需要遵循的有关原则，包括真实性、实质重于形式、相关性、一致性、及时性、明晰性、可理解性、谨慎性、重要性等九个会计信息质量特征。

目前世界各国都高度重视会计信息质量特征体系的建立，我国也顺应这一大趋势，在《企业会计准则——基本准则》（修订）中第一次明确出现了"会计信息质量要求"的形式，包括了对会计信息质量在真实性（含可靠性）、相关性、明晰性、可比性（含一致性）、实质重于形式、重要性、谨慎性和及时性方面的要求。不过由于我国并没有财务会计概念框架，所以这些质量特征还没有一个完整的理论支持，今后还需要对质量特征体系所涉及的约束条件、总体质量特征、限制性标准、关键质量特征、次级（及次要）质量特征等内容做深入的研究。

（四）IASB财务会计概念框架中的会计信息质量特征

与美国不同，IASB关于会计信息质量特征的内容是以"财务报表的质量特征"的形式进行阐述。其中可理解性、相关性、可靠性和可比性为处于同一层次的主要质量特征。相关性的构成要素分别为预测价值、验证价值、财务信息的性质及重要性。可靠性由忠实反映、实质重于形式、中立性、审慎性和完整性构成。由于IASB的概念框架不同于一国研究出台的概念框架，它主要是为了解决"众口难调"的突出问题，所以可比性是IASB极为关注的一个质量特征，不仅指交易或事项的计量及列报的方法要一致，还要求将编报财务报表所采用的会计政策的变动及变动的影响告诉使用者。此外，IASB的"财务报表的质量特征"还对相关性和可靠性的制约因素进行了分解，具体包括：及时性、效益和成本之间的平衡以及重要性。

四、财务会计要素

财务会计作为一个信息生产系统，必然存在相应的会计对象，但是由于会计对象是一个抽象的概念，因此从会计对象到具体的会计信息必须经过一个从抽象到具体的处理步骤。这一具体化的步骤首先要将财务会计对象进行初次分类以形成会计要素，会计要素即是会计核算对象的具体化形式，通俗意义上的要素就是财务报表的基本组成部分。对会计要素的划分与定义各国不尽相同，美国的财务会计准则委员会定义了十个会计要素，分别是资产、负债、权益、业主投资、派给业主款、收入、费用、利得、损失和全面收益。国际会计准则理事会定义了五个基本会计要素，即资产、负债、权益、收益和费用，其中收益包括收入和利得，费用包括损失。我国则借鉴了国际惯例，在财政部2006年修订后颁布的《企业会计准则——基本准则》中明确定义了六个会计要素，分别是资产、负债、所有者权益、收入、费用和利润。我国较之国际惯例的规定多了一个利润的要素，尽管利润是收益和费用的综合结果，并不是一个独立的要素，但由于它在我国长期以来一直作为考核的重要指标，在企业管理中具有重要作用，因此我国仍将其设计成一个单独的会计要素。

（一）资产

资产是指企业过去的交易或者事项形成的、由企业拥有或者控制的、预期会给企业带来经济利益的资源。其中，企业过去的交易或者事项包括购买、生产、建造行为或其他交易或者事项，预期在未来发生的交易或事项不形成资产；由企业拥有或者控制是指企业享有某项资源的所有权，或者虽然不享有某项资源的所有权，但是该资源能被企业所控制；至于预期会给企业带来经济利益是指直接或间接导致现金及现金等价物流入企业的潜力。资产在符合上述定义的同时还须同时符合以下两个条件：一是与该资源有关的经济利益很可能流入企业；二是该资源的成本或者价值能够可靠地计量。

（二）负债

负债是指企业过去的交易或事项形成预期会导致经济利益流出企业的现实义务。上述定义中的现实义务是指企业在现行条件下已承担的义务，不包括未来发生的交易或事项形成的义务。同样符合定义的义务还必须满足以下条件才能确认为负债：与该义务有关的经济利益很可能流出企业；未来流出企业的经济利益的金额能够可靠地计量。

（三）所有者权益

所有者权益是指企业资产扣除负债后由所有者享有的剩余权益。公司的所有者权益则被称为股东权益。所有者权益的来源包括所有者投入的资本、直接计入所有者权益的利得和损失、留存收益等。其中直接计入所有者权益的利得和损失是指不应计入当期损益、会导致所有者权益发生增减变动、与所有者投入资本或者向所有者分配利润无关的利得或者损失。

（四）收入

收入是指企业在日常活动中形成的、会导致所有者权益增加的、与所有者投入资本无关的经济利益的总流入。必须强调的是收入也必须同时满足这样的条件，即经济利益很可能流入进而导致企业资产增加或者负债减少，同时经济利益的流入金额能够可靠地计量。

（五）费用

费用是指企业在日常活动中发生的、会导致所有者权益减少的、与向所有者分配利润无关的经济利益的总流出。费用确认需满足的条件是经济利益很可能流出从而导致企业资产减少或者负债增加，同时经济利益的流出额能可靠地计量。

（六）利润

利润是指企业在一定会计期间的经营成果。利润包括收入减去费用后的净额、直接计入当期利润的利得和损失等。其中直接计入当期利润的利得和损失是指应当计入当期损益、会导致所有权发生增减变动的、与所有者投入资本或者向所有者分配利润无关的利得或损失。

五、会计要素的确认和计量

（一）会计要素的确认

确认是指在交易和事项（经济业务）发生时，将一个项目按照会计要素正式予以记录并按要素的项目计入财务报表中，它包括同时用文字和数字表述某一项目。在财务会计理论结构中，会计确认是一个重要的环节，它决定了具体的经济业务何时以何种要素的形式计入财务报表，进而达到为信息使用者提供合乎要求的会计信息的目标。

会计确认可分为初始确认和后续确认。初始确认是指对某一项目或某项经济业务进行会计记录，比如记做资产、负债、收入或费用等；后续确认是在初始确认的基础上，对各项数据进行筛选、浓缩，最终在财务报表中加以列示。在对每个项目进行确认的过程中必须同时满足以下四个标准：可定义性、可计量性、相关性、可靠性。如前所述，我国现行会计准则中也明确规定了如果要对会计要素加以确认，必须在满足定义的同时还符合相应的确认条件，最终才能计入资产负债表或利润表。由于确认的最终目标是要进入财务报表，因此非正式列入财务报表的项目不需要进行严格的确认，通常在附注中加以披露即可。

会计确认的基础有收付实现制、权责发生制。收付实现制的字面表述是"现金基础"，即要求在收到现金时确认收入、支出现金时确认费用。权责发生制则是与收付实现制相对应的概念。具体来说，在权责发生制下确认收入时是按照货物的销售（或交付）或者劳务的提供来确认，费用则按与相关联的收入确认的时间予以确认，不考虑现金支付的时间。目前，权责发生制是普遍采用的会计确认的基础。

（二）会计要素的计量

财务会计通常被认为是一个对会计要素进行确认、计量和报告的过程，计量在其中是一个连接确认和报告的核心环节。具体地说，会计计量是指确定将在财务报表中确认和列报的财务报表要素的货币金额的过程。随着社会经济环境的快速发展以及会计技术的提高，传统的历史成本计量模式面临着前所未有的挑战，要使得企业的财务报告能够真正公允地反映其财务状况、经营成果，并且能够充分披露与信息使用者决策相关的信息，有必要引入其他计量基础，比如公允价值等。目前无论是FASB还是IASB或是其他国家会计准则委员会都在致力于解决财务会计中的计量问题。

1.计量理论的主要类别

关于计量理论可以概括地分为两个派别：真实收益学派和决策有用学派。真实收益学派要求计量的结果能够真实地反映企业的收益，而决策有用学派则要求计量的结果应能满足决策的需要。目前看来，后者已经成为一种主流。

2.计量属性

不同的会计信息需求导致不同的计量模式，而计量模式主要由三个要素组成，即计量对象、计量属性和计量尺度。其中计量属性是目前讨论最为激烈的一个话题。计量属性是指被计量客体的特征或者外在表现形式。具体到会计要素就是可以用货币对其进行量化表述的方面。我国结合国际惯例，在现行的基本会计准则中规定了五个计量属性，分别是历史成本、重置成本、可变现净值、现值和公允价值。

（1）历史成本。在历史成本计量下，资产按照购置时支付的现金或现金等价物的金额，或者按照购置资产时所支付的对价的公允价值计量；负债按照因承担义务而实际收到的款项或者资产的金额，或者承担现时义务的合同金额，或者按照日常活动中为偿还负债预期需要支付的现金或现金等价物的金额计量。

（2）重置成本。在重置成本计量下，资产按照现在购买相同或者相似资产所需支付的现金或现金等价物的金额计量；负债按照现在偿付该项负债所需支付的现金或现金等价物的金额计量。

（3）可变现净值。在该计量属性下，资产按照其正常对外销售所能收到现金或现金等价物的金额扣减该资产完工时估计将要发生的成本、估计的销售费用以及相关税费后的金额计量。

（4）现值。运用现值计量，资产按照预计从其持续使用和最终处置中所产生的未来净现金流入量的折现额计量；负债按照预计期限内需要偿还的未来净现金流入量的折现额计量。需要提及的是，FASB第7号概念公告中认为现值仅是一个分配方法，对其加以计算是为了探求公允价值，公允价值在FASB的概念框架中是取代未来现金流量现值的会计属性。

（5）公允价值。公允价值计量是指资产和负债按照公平交易，熟悉情况的交易双方自愿进行资产交换或者债务清偿的金额进行计量。

3.计量属性的应用

在会计实务中，对不同计量属性的应用情况并不相同。其中历史成本应用于交易或事项发生时的某一项目的"初始确认"。只要该要素在后续期间继续为一个主体所持有而不加以处置，那么，即使资产的市场价格在以后发生了变动，其后可以不必"重新估价"。如果该要素已完全没有使用价值，不再含有未来的经济利益，则对其进行"终止确认"。对历史成本的采用无需后续计量，这样可以节约会计信息加工的成本。

对于其他如现行成本、公允价值等计量属性而言，也都可以应用于交易或事项发生时对某一要素的"初始计量"，在这些要素完全或部分丧失经济利益时，也同样需要进行部分或全部"终止确认"。但与历史计量属性不同的是，应用这些计量属性时，在后续年度都需要进行"后续确认与计量"，即每年都需要重新估计现行成本、公允价值等。作为对外会计，以财务报告的形式有效地向外部使用者提供合乎要求的会计信息是其最终的目的所在。按照FASB概念框架的观点，"财务报告的编制不仅包括财务报表，还包括其他传输信息的手段，其内容直接或间接的与会计系统所提供的信息有关。"

无论是财务报表还是其他财务报告都是用来向资本市场的投资者表述并传递与特定主体的财务状况、经营成果和现金流量相关，并且对决策有用的信息的手段。

其中财务报表分为表内和表外附注两大部分，都要遵循公认会计原则（GAAP），并应经过注册会计师审计。在财务报表内进行表述实质是"后续确认"的过程，即遵守相应确认的基本标准，对初始确认形成的日常会计记录进行后续确认，以文字说明与数字相结合的方式形成财务报表的主体，即表内。附注也是财务报表的一个组成部分，但是不同于表内，它可以只采用文字说明，并且在不更正表内确认的内容基础上对其进行解释或补充说明。为了区别，在附注中的表述被称为"披露"。在附注中披露的信息通常包括两部分：①法定要求披露的信息；②企业管理当局自愿披露的信息。其中法定要求披露的信息来源又有两个：一是会计准则，在会计准则中除了对确认和计量进行规范外，还会指出应当披露的事项（主要在会计报表附注中）；另一个来源于证监会颁布的披露准则，不过一般仅适用于上市公司。

至于其他财务报告进行的信息披露主要是因为财务报表的局限所引起的。正如FASB在第1号概念公告中所指出的："某些有用的信息用财务报表传递较好，而某些信息则通过其他财务报告的形式更好。"在其他财务报告中披露的信息可以不受GAAP的限制，也可以不经过注册会计师审计，但是要求请注册会计师或者相关专家审阅。

回顾财务报告的发展过程，会发现财务报告的主体的变化较小，而报表外的各种补充说明和解释却越来越多，财务报告全文的厚度日益增加。尽管如此，人们发现不断扩容的财务报告仍然不能准确可靠地反映企业的经营风险和业绩，加强信息透明度仍然是资本市场的一大呼声。

我国参照国际惯例，在2006年2月出台了第30号具体会计准则——《财务报表的列报》，要求财务报表至少应包括五个部分：资产负债表、利润表、现金流量表、所有者权益（或股东权益）变动表以及附注，其中附注形式不能替代应有的确认和计量。

第三节　会计规范

信息是决策的依据。在证券市场日益发达的经济环境里，会计信息的提供者并非就是使用者。由于会计信息具有公共物品的属性，如果对供给缺乏必要的约束就可能使受会计信息影响的市场失灵。在此背景下，为了保护处于劣势却不得不主要依靠管理层提供的会计信息进行投资或信贷等决策的外部使用者，就必须依靠一些制度安排，其目的在于减少信息不对称的同时尽可能保证提供真实、公允和透明的会计信息。这就引发了政府或社会民间机构对会计信息生产和消费机制干预的需要。干预的主要形式之一就是会计规范——要求企业按照真实、公正、充分、可比等原则进行加工和提供会计信息。本节首先介绍我国目前会计规范体系的基本构成，然后分别介绍会计法、会计准则、会计制度的基本内容，最后探讨国际财务报告准则及其发展走向。

一、我国会计规范的基本构成

自从改革开放以来，我国已经完成了从计划经济体制向市场经济体制的转变。目前已经初步建立了以《会计法》为核心、以行政法规以及部门规章制度为支撑的会计规范体系。

这一体系主要由以下三个层次构成：最高层次是由全国人大常委会颁布实施的《中华人民共和国会计法》（以下简称《会计法》）；第二个层次为国务院规定的有关会计工作的行政法规，如《企业财务会计报告条例》《总会计师报告条例》等；第三个层次为财政部制定的有关会计核算和会计工作的部门规章和规范性文件等会计标准，包括《企业会计准则》《企业会计制度》《企业会计制度补充规定》《会计制度的问题解答》等。

除上述外，在其他法律法规、规章制度中也有部分内容构成了对会计法规的直接或间接的支持。如《公司法》《证券法》《商业银行法》《刑法》以及证监会颁布的一系列信息披露规范。

二、会计法

《会计法》于1985年1月21日首次颁布施行，是中华人民共和国第一部专门规范会计活动的重要法律。1993年12月29日经第八届全国人大常委会第五次会议修正，后又于1999年10月31日经第九届全国人大常委会第十二次会议修订后由国家主席令下令公布，于2000年7月1日起施行。《会计法》全文共七章，包括总则、会计核算、公司企业会计核算的特别规定、会计监督、会计机构和人员、法律责任和附则，具体又分为五十二条，以规范会计实务。《会计法》是一切会计工作的根本大法。国家、企事业单位、社会团体以及个体工商户和其他组织都必须遵守《会计法》，进行会计实务工作。其他会计规范如会计制度和会计准则的制定都必须以《会计法》为依据。除了规范会计实务，《会计法》的颁布与施行对提高财务会计的质量也起到了积极的作用，具体表现在以下几方面：

（1）对会计信息的真实性提出强制要求。《会计法》重点强调了会计信息的真实完整，严格禁止虚假信息。如在第二章第九条中规定"各单位必须根据实际发生的经济业务事项进行会计核算，填制会计凭证，登记会计账簿，编制财务会计报告。任何单位不得以虚假的经济事项或者资料进行会计核算"。其余类似的规定有第八条、第十二条和第二十条。这些规定表明会计信息的真实性是财务会计实务的根本价值之所在，通过法律形式来严格规定十分必要，如果会计实务反映了虚假的经济业务并产生了虚假的会计信息，必须承担各种法律责任。

（2）强调会计监督的作用。《会计法》强调的会计监督包括内部监督和外部监督。在第二十七条里明确规定了各单位应当建立健全本单位的内部会计监督制度，并提出了内部会计监督制度的具体要求。在第三十三条里又规定了下列机构对企业实行外部的会计监督，包括财政、税务、人民银行、证券监管、保险监管等部门。通过会计监督，会计实务受到了内部和外部的双重约束，能够提供更加真实完整的会计信息。

（3）明确规定了单位负责人对财务欺诈的经济责任。我国的会计信息失真问题，单位负责人难辞其咎。《会计法》第四条明确规定单位负责人对本单位的会计工作和会计资料的真实性、完整性负责。该规定实际上对授权和唆使会计人员造假的行为予以了坚决打击，扭转了原先会计人员作为替罪羊对会计信息失真承担完全责任的不公现象，有利于解决会计信息失真的实际问题。

（4）特别关注上市公司的会计行为。随着资本市场，尤其是证券市场的不断成熟，上市公司的规范问题越来越突出。《会计法》对上市公司的会计行为十分关注，如对公司收入、成本和利润的核算做出了不得偏离经济业务实质的规定。该规定实际上对上市公司的利润操纵行为进行了广义上的规范，并强调了会计制度对公司制企业的约束作用。

三、会计准则体系

（一）我国会计准则的演变

各国的会计准则的发展史表明，会计准则与资本市场之间存在着非常密切的关系。在中国上海和深圳两个证券交易所正式建立之前，股票通常通过柜台进行交易，卖方市场是当时的特征，利用会计信息指导决策的需求还未形成，因而对会计准则需求也不迫切。

到了20世纪90年代初，随着我国经济体制的改革，客观上要求将企业作为一个独立的市场经济主体，以会计信息的形式将其财务状况和经营成果等向外部使用者传达。在这种外在要求下，我国于1992年颁布了《企业会计准则基本准则》。由于基本准则更多的是起到一种解放思想的作用，实际上对当时的会计实务并没有带来多大的影响，会计实务的"自主性"特性仍然很强。为了改变这种状况，财政部于1993年下半年集中力量进行了具体会计准则的制定。截至1996年1月共发布了六批29项具体准则的征求意见稿，但由于没有得到相关部门的批准，一直没有形成真正有约束力的会计准则。

基于我国制定的"以国际化为主兼顾中国特色并逐渐向国际化演进"的会计准则制定策略，我国一直在积极实施会计准则国际化。在充分考虑国际惯例及我国具体国情的基础上，财政部于2006年2月起陆续出台了新会计准则系列（包括1项基本会计准则、38项具体会计准则以及若干项应用指南）。

目前形成的企业会计准则体系是由基本准则、具体准则和应用指南三部分所构成。其中，基本会计准则是纲，在整个准则中起统驭作用；具体会计准则是目，是依据基本准则原则要求对有关业务或报告作出的具体规定；应用指南是补充，是对具体会计准则的操作指南。该准则系列已于2007年1月1日起在上市公司范围内执行，同时也鼓励其他企业参照执行。执行该企业会计准则的企业不再执行原先的会计准则、企业会计制度和金融企业会计制度。

（二）会计准则的特点

从基本面看我国会计准则体系可以发现，此次形成的新会计准则体系是在充分考虑我国基本国情的同时，参照了国际财务报告准则的基础上制定的。其目的之一在于使在此准则体系下编制的财务报表能够更加公允地反映企业的内在价值。不仅强化了为投资者和社会公众提供对决策有用的会计信息的新理念，实现了与国际惯例的趋同，还首次构建了比较完整的有机统一体系，并为改进国际财务报告准则提供了有益借鉴，实现了我国企业会计准则建设新的跨越和突破。正如IASB主席戴维·泰迪所说："中国企业会计准则体系的发布实施，使中国企业会计准则与国际财务报告准则之间实现了实质性趋同，是促进中国经济发展和提升中国在国际资本市场中地位的非常重要的一步。"

此外，我国会计准则体系还具备其他一些特点，主要表现在以下几个方面：

（1）约束力来自强制性的行政命令。会计准则制定权力的归属方有政府和民间之分。如美国等会计准则由民间组织制定的国家，会计准则更像是一种协调经济利益的机制，其制定过程中包含着相关利益集团的政治协商，因此属于制度层面的产物。我国的会计准则由财政部门统一制定，大大减少了政治协商的成分，其规范的约束力来自强制性的行政命令，在执行时具有无条件的特点。

（2）强调会计核算反映经济业务的真实情况。现代经济业务日趋复杂，当会计人员面临多变的交易和事项无所适从时，会计准则能给会计人员以技术提示和统一的标准，提供提示和标准的目的在于使会计信息能够反映经济业务的实质。强调会计核算反映经济业务的真实情况对于会计信息的质量意义重大，反映经济业务的真实情况涵盖了对会计信息相关性和可靠性的综合要求。

（3）执行效果有赖于独立审计和市场监管的配合。各国的会计准则制定方式有所不同，但制定准则都包含同样的目的，即将资本市场内的会计实务规范化。会计准则对于上市公司的规范地位是举足轻重的，但是会计准则执行的效果有赖于独立审计和市场监管的配合，行之有效的独立审计和市场监管可以加大公司不遵守会计准则的违约成本，以此约束上市公司的行为。一般来说，会计准则、独立审计和市场监管的协同作用可以有效维持市场秩序，保证市场的"游戏规则"公平而有序。

四、国际会计准则

经济全球化要求全球资本市场一体化，进而有关统一的全球会计准则的供需问题也被推到了会计理论与实务研究的前沿。我国已经加入了WTO，面临着越来越紧迫的会计国际化问题，了解国际会计准则的演进与发展十分必要。

国际会计准则的制定者——国际会计标准委员会（IASC）建立于1973年，

作为一个由各国会计职业团体组成的民间团体，其目标是在协调的基础上制订为各国或各地区所承认并遵守的国际会计准则，由于不具备强有力的政治经济背景，因此初期制订的国际会计准则采取汇集和借鉴各国会计准则和惯例的方式。IASC制定的准则文件包括国际会计准则（IAS）和常设解释委员会解释公告（IAS interpretations），二者的权威性是相同的。

截至1988年，IASC共制定了26项国际会计准则，但这些准则仅仅是各国会计实务的汇总，企业的选择范围很大，在此基础上编制的国际财务报表严重缺乏可比性。在资本市场全球化的浪潮里，这种严重缺乏可比性的准则不仅不适用，而且也给IASC带来了负面影响。为了减少会计备选方法，提高财务报表的可比性，IASC于1989年1月出台了《财务报表可比性》的征求意见稿（E32）。根据E32，在1989年至1995年间，LASC针对已有的会计准则进行修订，大量减少会计备选方法，并首次划分了基准处理法和备选处理法。

IASC在其努力改革的过程中充分尊重了证券委员会国际组织（IOSCO）的意见，与此同时也得到了IOSCO的关注与支持。自1995年起IASC致力于制定一套可以在全球资本市场上使用的"核心准则"。2000年5月，IOSCO宣布已完成对30项"核心准则"的评审工作，并推荐在各国资本市场使用。这一成功极大鼓舞了ASC，其基本目标也由原来的"协调与改进各国会计准则"演变成"制定全球会计准则"。

2001年4月IASC改组，国际会计准则理事会（IASB）应运而生。LASB着手制定并颁布的准则被称为国际财务报告准则（FRS），相应地解释公告也被更名为国际财务报告解释公告。IASB具有可以修改或撤销IASC时期颁布的国际会计准则和解释公告的权限，未被IASB修改或撤销的国际会计准则和解释公告仍将继续适用。

可以用"协调→趋同→全球会计准则"的路径来描述IASC到IASB的发展。由于IASB开始强调制定高质量的全球会计准则，它已经从IASC时期的"会计准则协调者"转化为"全球会计准则制定者"，目前正致力于各国会计准则与国际会计准则及国际财务报告准则的趋同。

自20世纪80年代起，与国际惯例充分协调是我国会计改革一直坚持的方向。最初首先体现在1985年颁布的中外合资企业会计制度，进而影响到1992年发布的《企业会计准则》以及随后的13个行业会计制度及《股份制试点企业会计制度》（后来修订为《股份有限公司会计制度》）。自1997年起陆续颁布的16项具体会计准则和2001年颁布的《企业会计制度》也体现了逐渐与国际会计准则缩小差异的改革成果。但是基于国际会计准则规范的大多是成熟市场经济国家的经济业务或事项，因而我国在借鉴与参照的过程中还必须综合考虑现实的经济和法律环境。例如从我国2006年2月颁布的新会计准则体系中可以发现，尽管原来被《企业会计制度》所限制的公允价值已经被有条件地在衍生金融工具、投资性房地产的会计处理中采用，历史成本计量模式仍然是首选的基础模式。

目前我国已经基本实现了与国际会计准则的"实质性趋同"，但这并不意味着就会产生可比性的会计信息，因为会计准则的国际化并不能保证会计实务的可比性，因此构建与完善会计准则的支撑环境（如公司治理结构、审计、经理人市场、市场结构以及法律诉讼机制）是实现我国会计国际化的必要条件。

第二章　大数据对于财务管理的作用与影响

　　财务数据是企业财务战略管理的核心，它记录了企业经济活动和资金运转的详细情况，通过财务数据的处理和分析，能够发现企业运行中的问题和风险，进而实施有针对性的财务管理，扩大收入，压缩成本，实现企业利润的增加。财务数据又是企业实行财务管理的基础原料，在大数据时代背景下企业处理财务数据的思维应进行重要变革。这主要体现在两个方面：一是财务数据的容量增大，要处理与财务有关的所有数据，而不是抽取部分数据；二是财务数据要更加关注非财务信息，通过可扩展商业报告语言、会计综合报告等工具的运用，使财务数据系统成为一个立体化的企业综合信息系统。为企业管理者提供全方位、相关度高、准确度高的决策信息。

　　基于大数据的处理和分析，可以使企业财务数据实现重大变革，为企业带来巨大的价值增值。财务工作的对象是相关的财务数据，这一本质特征决定了在大数据时代，财务工作必定会随着大数据的发展而不断改革创新。会计数据作为企业数据的核心，顺应大数据时代潮流，财务数据已由原来简单的核算记录工具转变为影响企业经营决策的重要因素，是企业在日常经营过程中重点关注的战略资源。同时，在数据的来源、价值、形式等方面呈现出了重要的新特征，这对企业的财务管理工作提出了新的要求，也是企业重新审视财务战略的新契机。大数据推动企业管理的变革表现为数据的资产化、企业拥有数据的规模和活性，以及收集和运用数据的能力，这些将决定企业的核心竞争力。掌控数据就可以深入洞察市场，从而做出快速而精准的应对策略。

　　从财务管理工作的发展历程看，复式记账法的出现使经商开始纳入数据化管理的轨道。大数据是一种无形的信息资产，数目繁多并且变化多端。因此在数据处理的环节，相关的专业人员要拥有果断的解决问题的能力、较强的洞察问题的能力。如果使用传统的数据处理的方法，则很难控制好数据信息。尤其是大数据中的图像和视频，以及非数据化的内容导致了数据的处理过程变得十分复杂。大数据时代所拥有的数据规模大、产生速度快和时效性强的特性，要求企业要先进行有效的存储然后再进行管理和使用。目前，大数据和财务融合的价值已经引起世界范围相关专业人员的关注。美国注册会计师协会、四大会计师事务所等已经开始研究大数据带给会计领域的新的机遇和挑战。财务信息作为企业经营过程中价值运动的数据结果，影响着信息使用者的决策。大数据时代是建立在相关性基础上的，不同于之前的因果性研究。也可以说大数据环境下，相关性的研究将为企业财务战略的研究和制定提供全新视角。

第一节　大数据时代对会计数据及会计工作的影响

一、大数据时代会计数据的新特征

从财务工作的流程上看，会计工作包含了会计确认、会计计量、会计记录、会计记账四个环节。每一笔业务的发生都必须经过原始凭证、记账凭证、明细账、总账的流程进行会计处理，企业每天所进行的大量的经营活动都必须通过财务数据的形式反映出来。因此，会计工作的过程就是大量纸质数据处理的过程。财务管理工作是通过专业的财务分析方法对会计核算的财务数据进行专业、全面的分析，为企业的经营成果进行合理评估。会计工作是数据核算处理的过程，财务管理工作是数据利用的过程，因此可以说财务工作是与大数据息息相关的管理工作，大数据时代的发展必然会带动财务工作的发展。

（一）会计数据的来源从以"结构化"数据为主导变更为以"非结构化"数据为主导

"结构化数据"主要采集来源是非关系型数据库，与其他数据库相比，其对于数据格式的约束没有那么严格。随着信息技术的不断发展，半结构化、非结构化数据的来源与价值变得越来越丰富，它们对结构化数据的取代不仅从数据数量上体现出来，而且还从提供的价值量上体现出来。静态结构化会计数据是由传统的运营系统产生的，通常情况下，结构化数据是以一维表的方式进行保存和管理，它是传统的数据库管理系统的重要组成部分。静态非结构化数据是通过现代科技设备产生的，在数据的管理过程中只能采用非关系型数据库将其保存。动态实时会计数据是与智能设备用户的地理位置、交易信息、使用场景相关联的。动态实时会计数据信息是大量的实时数据流，非结构型的会计数据来源较为广泛，如来自传感器的各种类型数据、移动电话的GPS定位数据、实时交易信息、行情数据信息、用户的网络点击率等，像网上书店这种通过互联网发展起来的电商，通过存储顾客的搜索路径、浏览记录、购买记录等大量非结构化数据来分析顾客的购买倾向，设计算法来预测顾客感兴趣的书籍类型。在开展会计工作过程中，这些都是需要考虑的重要会计因素。这些非结构化的会计数据直接影响了会计数据的构成。

在如此多样化的数据结构中，可获得的数据常常是非结构化的，因此传统的结构化数据库已经很难存储并处理多样性的大数据。对于企业会计人员而言，要把握新型数据中的巨大价值，进行深入挖掘，挖掘得越多就越有竞争优势。

（二）会计数据的价值从简单的"数据仓库"转变为"深度学习对象"

传统的会计数据，更多地被企业看成是一种"数据仓库"，随着大数据时代中非结构化数据的大量涌入，原有的从"数据仓库"中简单提取数据已经无法最大限度实现数据的价值，数据成为使用者深入学习的对象，其价值得到更好的体现。对数据的深入学习，要求使用者必须要对数据进行文本分析、自然语言处理、深入挖掘内容等，才能够最大限度地获得数据的内在价值。会计数据分析工作是企业在信息管理方面的重要内容。早期的会计电算化主要是面向操作型的，会计凭证、账簿和报表都没有可靠的历史数据来源，不能将会计信息转换为可用的决策信息。随着信息处理技术的应用，企业可以利用新的技术实现会计数据的联机分享，同时还引进了统计运算方法和人工智能技术对数据仓库进行横向和纵向的分析，将大量的原始数据转化为对企业有用的信息，提高了企业决策的科学性和可操作性。在大数据时代下，会计数据分析改变了以往的传统关系数据库模式，将非结构化会计数据和动态实时会计数据纳入数据分析的范畴，使得企业可以根据这些信息进行定性和定量的分析，以便为企业对会计数据进行定向分析做好准备。

（三）会计数据具有实时更新的新特征，更多时候体现为一种动态的"流数据"形式

这就要求企业在处理会计数据时形成"流处理"的思想，目前比较广泛地运用于实时在线销售、实时售后服务、实时信息反馈等领域。在会计数据的"流处理"中，要借助于计算模型、人工智能等，这其实是前文"深入学

习"的补充，只不过"流处理"中体现的是机器自动对会计数据进行"深入学习"。

（四）会计数据处理由原来的集中式向分布式转变

大数据背景下数据量的指数化发展趋势明显，数据分析的样本空间大，数据分析处理的时效性要求更高，因此使得现在的数据会计处理方式与传统的会计处理方式不同。在计算全体和在线的数据时需要改变原来的集成式计算结构，企业要积极采用分布式或者扁平式的会计数据处理方式，以便能够跟上时代的步伐。企业在进行会计数据处理的时候可以采用Hadoop，Map Reduce或者Storm计算架构，该计算架构在会计数据的处理方面各有优势，同时也有自己不可避免的缺点，企业在选择会计数据计算架构的时候，应根据企业自身的具体情况进行选择，要谨慎地对各种计算架构进行综合分析和了解，以便适应不同类型会计数据计算的需要，为下一步的会计数据分析工作奠定基础，从而更好地为企业提供信息服务。数据处理中的重要工作内容是数据清理、数据清洗和数据验证等，工作人员只需在相应的电子设备中设定好相应的清洗和验证程序。这不仅改变了以往的人工数据清洗方式，而且数据会更加真实，误差会更小。这在提高数据处理工作效率的同时也提高了数据处理工作的质量。

（五）会计数据输出形式由图表化转向可视化

在以前的会计数据输出工作中，企业大多采用图表的形式来报告企业的会计信息，如财务报表等，而在大数据的背景下，企业改变了以往的信息输出形式，将复杂的会计数据转化为直观的图形，通常会综合采用图形、表格和视频等方式将数据进行可视化呈现。同时，企业也可以采用API，XML和二进制等接口输出形式来输出数据，以便能够更好地将信息传达给信息内部和外部使用者，为企业进行决策提供数据支持。例如，社交网络的语音、图像、视频、日志文件等，这些都是可视化的会计数据输出形式，并且随着大数据时代的发展，新的数据来源与数据形式也会不断出现。像1号店、淘宝商城这样的电商就可以记录或搜集网上交易量、顾客感知、品牌意识、产品购买、社会互动等行为数据，以可理解的图形、图片等方式直观呈现出企业在不同时间轴上会计数据的变化趋势。

二、会计数据新特征产生的新要求

首先，企业会计应该注重对多种结构、多种来源的会计数据的搜集和储存。大数据时代中数据的价值不可小觑，且作为主导的非结构化数据蕴含着更为有价值的信息，企业之间的竞争已经有很大一部分体现在对有效数据资源的争夺上。可见尽可能的多渠道、多来源地获取多种结构的会计数据，并运用先进的数据处理系统来进行有效处理和分析，克服信息不对称，尽可能地全面反映企业经济业务的现状，为决策的准确制定提供尽可能详尽的信息依据。

其次，大数据时代影响财务数据处理方式。随着大数据时代的到来，企业在财务处理方法上应突破劳动密集型的数据处理方式，充分利用新科技，搭建一个灵活、便捷、可扩展的信息数据平台。

再次，要注重对获得的会计数据的深入学习，满足信息使用者个性化需求。随着会计数据从"数据仓库"的简单角色中转变出来，企业会计工作人员应当意识到其在处理会计数据中已经由被动使用的地位转换为主动挖掘价值的地位。

最后，完善企业会计制度，提高数据处理的效率。正是由于大数据时代背景下企业的会计数据"流"特征体现明显，所以数据采取和分析必须要及时、快速，完善的企业会计制度可以从根本上来提高会计数据处理的效率，通过制定详尽的、恰当的制度，正确引导员工的工作，避免出现职责不分明，有些工作重复做，有些工作没人做的低效工作状态。

三、大数据对会计信息结构的影响

大数据时代，企业信息数据包含了外部的数据，如社交网络产生的数据、物联网数据等。以结构数据为主的传统信息发布模式已经不再能满足信息使用者的需求，提供更加综合的会计信息将显得尤为重要。

大数据时代，非结构化信息占据主导地位。这种主导作用不仅仅体现在数量上，更体现在非结构化数据的价值中。只有融合了结构化数据和非结构化数据的会计信息，才能全面反映经济事项，满足信息使用者的需求。会计师为信息使用者提供有用信息的一个信息系统。无论是投资者还是管理者，如果无法掌握基本的财务分析方法，就无法充分获取到有用的会计信息。例如，目前会计上对存货信息的核算要求采用的是先进先出法，大数据环境下，通过结合存货扫描工具和物联网信息，可以实现存货按及时公允价值计价，为信息使用者提供更精准的信息。快速准确地提供会计信息能够更好满足信息使用者的需求。同时，财务报告在全球范围内推行，也证明了非结构化数据在会计信息使用中的重要性。

四、大数据对会计信息质量的影响

（一）对可靠性的影响

可靠性，也称为客观性、真实性，我国会计准则将其定义为"企业应当以实际发生的交易或事项作为依据进行会计确认、计量和报告，如实反映符合确认和计量要求的各项会计要素和其他相关信息，保证会计信息真实可靠、内容完整"。大数据时代的到来意味着大数据资源将成为企业的数据资产，这也是2014年Facebook（美国互联网公司）市值突破2000亿美元受到全球关注的原因。然而，目前关于数据资产却没有相关匹配规定。依据资产定义，大数据仍不能称为资产。同时，单纯以货币为主的计量已经不能满足大数据时代的需求。如何对大数据资产进行计量，这将是大数据时代对会计工作的挑战。

（二）对相关性的影响

相关性原则要求会计信息能够满足信息使用者的决策需求。会计信息根据与决策需求是否相关来判定会计信息质量。因此，会计信息提供者要充分考虑用户需求。大数据时代拓展了会计核算的内容和维度。会计信息使用者的需求更加个性化。大数据时代，会计主体本身获取的信息量大幅增加，会计信息量增大，信息处理速度也在随之增快。这也就意味着，会计信息使用者能够在相同时间内获得更多的信息，会计信息的及时性得到了很好的提升。如何识别相关信息，如何对相关信息进行取舍，是衡量会计人员的职业素质的关键因素。

五、大数据对会计信息处理的影响

大数据对会计信息处理的影响体现在以下几个方面：

首先，会计信息处理离不开信息技术支持。大数据时代，数据处理的收集不再仅仅是从原始凭证上对信息进行采集，也不再仅仅是从企业发生的经济业务活动中进行采集，而是同时从企业内部各部门和企业外部（如客户、供应商、银行等）进行会计数据的收集。大数据所具有的海量信息特征将使会计数据的来源变得更丰富，同时物联网的发展为其提供了支持。海量会计数据和多样化会计数据的处理和存储必将给会计工作带来新的挑战，然而云计算则为其提供了技术支持。

其次，会计信息流将不再是单向传递。大数据关注不同要素之间的相关性，而弱化了数据间的因果关系。当数据足够多时，信息使用者不需要对因果关系进行探究就可以得到有用的信息。信息使用者都参与到了企业信息流的"制造"环节中，会计信息处理流程中产生的会计信息流将不再是单向的传递过程，而是交互实时动态的，可以满足不同客户需求。

最后，会计信息处理流程中相关人员的职能将发生改变。大数据时代，企业会计信息是来自企业内部和外部的综合信息，会计信息使用者都将参与到会计数据的录入过程中。会计人员不再是唯一的会计数据的录入和处理者。当然，由于数据众多，数据价值密度低，不是所有的数据都是有用的会计信息。不同的信息使用者对信息需求不同，因此使用者选择的数据清理标准将不相同。也就是说，所有信息需求者都将参与到会计信息处理流程中。在传统会计信息处理流程中，会计人员起着不可替代的作用。在大数据环境下，会计人员同样起着不可替代的作用，但其职能将发生改变。由于信息技术的发展，会计人员将从烦琐的日常核算工作中解脱出来，更多地从事战略性工作，利用其专业知识进行分析、预测工作，也就是说会计人员将更多地参与到企业的管理决策环节。

第二节　大数据时代财务管理面临的挑战

一、传统的事务性财务管理已无法满足现代企业管理的需要

仅仅做好账务核算，仅仅针对月度或年度的财务报表进行分析，已无法为企业管理层做出及时、准确的决策带来帮助。尤其是在大数据时代，面对大量的数据信息，以及各种新技术、新业务模式的冲击，财务管理如果仅仅是"摆数据"，对企业发展和变革来说，是起不到支持作用的。因此，财务管理应该以更主动、更积极的方式来为企业服务，要实现从"事务型"向"经营管控型"的转变，要更加注重数据的及时性，以及财务数据与业务数据的融合。在业务流程中，预算是一切活动的开始，预算与业务流程的融合能够制定出更切实可靠的预算方案；收入是业务流程的核心，通过梳理各个业务环节所涉及的收入点并绘制收入风险图，以监控收入全程，保障收入实现；成本管控与业务流程的融合则更能体现精益财务的思想，借助信息系统能够对成本发生点进行监控，并及时调整资源的分配；资产是一切经营活动的基础，资产管理与业务

流程相结合能够获取更详细准确的资产使用和需求状况；风险控制与业务流程的融合则更加满足了全面风险管理的要求。大数据时代，微博、微信、博客等传播介质中的各类与企业相关的信息，有的看起来很有用，实则与企业没有关联度，有的看起来微不足道，实际却与企业的发展战略息息相关，然而对这些信息进行处理需要耗费相当的人力和物力，而且需要具有财务与数据分析能力的专业人才才能胜任此项工作。

二、现代企业管理已经不满足于用ERP等手段进行事后管理

由于竞争的加剧，以及对数据时效性的关注，企业管理层希望得到更富有洞察力、更富于前瞻性的数据和分析。这也将对传统的财务分析模式带来冲击。财务人员对于大数据的整合和分析能力将得到关注和提升，要在繁杂的数据中，去粗取精，化繁为简；能灵活根据管理需求多维度对财务数据进行分析；能运用大数据准确地预测未来的趋势和变化。这些都将给企业经营带来极大的价值。企业利用大数据强大的数据处理功能使财务管理人员脱离繁杂的工作成为可能。企业通过建立数据仓库、数据分析平台，使财务管理工作变得十分高效、流畅，同时财务管理的远程化、智能化和实时化也会成为可能。通过对财务信息和人力资源等非财务信息的收集、整理和分析，大数据可以为企业决策提供强大的数据支持，帮助企业选择成本最低、收入最高、风险适中的方案和流程，减少常规失误，最大限度地规避风险，使得企业的财务管理工作更具前瞻性，企业的内部控制体系得以进一步地优化。

三、实现业务和财务数据的协同

大数据分析是优化配置各个部门、各个子公司人力资源的最佳方案。例如，以"大自然搬运工"自居的农夫山泉，有十多个水源地，以一瓶水售价两元为例，其中仅有三毛钱花在了运输上，其开发大数据软件将高速公路收费、道路等级、天气、配送中心辐射半径、季节性变化等实时数据输入进去，精准管控物流成本，从而大大降低费用，大数据分析模型帮助农夫山泉实现了30%~40%的年增长率。因此，企业要适应时代之需，应建立新财务模型，通过分析大数据，可以找到配置各类资源的最佳路径和最便捷的工作路线图，从而降低成本、节约资源、提高效率，为企业制定科学发展方案提供依据。为适应新技术所带来的业务模式变化，企业的发展会通过纵向和横向两个维度展开，同时一系列的重组兼并也将会展开。如果这时财务管理依然停留在传统

"事务型"的状态，一方面无法对企业实施有效兼并带来帮助；另一方面，在兼并后，由于企业间的业态差异、管理水平差异等造成整体管理难度加大。因此，如何实现业务和财务数据的协同、下属企业管理需求的统一，以达到企业管理水平的提升，这也是在大数据时代迫切需要解决的问题。

四、促进财务管理信息的挖掘

在大数据时代背景下，企业获得财务管理信息的主要途径除了传统的财务报表外，利用大数据技术，企业可以从业务数据、客户数据等方面挖掘更多的财务管理信息。以计算为核心的大数据处理平台可以为企业提供一个更为有效的数据管理工具，提升企业财务管理水平。很多企业对自身目前的业务发展状态分析只停留在浅层面的数据分析和进行简单的汇总信息上，在同行业的竞争中缺乏对自身业务、客户需求等方面的深层分析。管理者若能根据数据进行客观、科学、全面的分析后再做决定，将有助于减少管控风险。

企业在大数据时代的背景下，不仅需要掌握更多更优质的数据信息，还要有高超的领导能力、先进的管理模式，才能在企业竞争中获得优势。除了传统的数据企业平台以外，可建立一个非结构化的集影像、文本、社交网络、微博数据为一体的数据平台，通过内容挖掘或者企业搜索，开展声誉分析、舆情化分析以及精准营销等；企业可随时监控、监测变化的数据，开展提供实时的产品与服务，即实时的最佳行动推荐。企业的创新、发展、改革，除了传统的数据之外，还要把非结构化数据、流数据用在日常企业业务当中，对产品、流程、客户体验进行实时记录和处理。企业可融合同类型数据，互相配合进行分析，以突破传统的商业分析模式，带来业务创新和变革。企业可通过微博、社交媒体把需要的文档、文章，放进非结构化的数据平台中，对其中的内容进行字、词、句法分析、情感分析，同时还有一些关系实体的识别。通过这些内容，可以帮助使用者获得更加真实的、更具经济价值的信息，股东对企业管理层的约束力得以加强，部分中小企业的融资难问题得以有效解决。

五、提升财务管理信息对企业决策的支持力度

企业在大数据时代背景下能够获得多维度的海量数据信息，在原来的工作模式中，企业可能无法应对如此繁杂的数据，但在大数据条件下企业可以建立一个大数据预测分析系统，让企业从繁杂的数据监测与识别工作中解脱出来，为企业赢取更多的时间来进行分析与决策。大数据运用的关键在于有大量有效

且真实的数据。一方面企业可以考虑搭建自有的大数据平台，掌握核心数据的话语权。在为客户提供增值服务的同时，获得客户的动态经营信息和消费习惯。另一方面还要加强与电信、电商、社交网络等大数据平台的战略合作，建立数据和信息共享机制，全面整合客户有效信息，将金融服务与移动网络、电子商务、社交网络等密切融合。另外，大数据时代的到来和兴起也大大推动了企业财务管理组织的有效转型，为企业财务管理工作提供了优化的契机。大数据除了可提升企业管理信息化水平以外，还应该成为企业财务管理人员整合企业内部数据资源的有效利器。因此，企业在聚焦财务战略的过程中，企业财务管理人员需要掌握经营分析和经营管理的能力，将企业财务战略管理的范畴扩展到数据的供应、分析和资源的配置上，积极推动财务组织从会计核算向决策支持的转型。

六、提升财务管理信息的准确度

财务报告的编制以确认计量记录为基础，然而由于技术手段的缺失，财务数据和相关业务数据作为企业的一项重要资源，其价值在编制报告的过程中并没有受到应有的重视。受制于技术限制，有些企业决策相关数据并未得到及时、充分的收集，或者由于数据分类标准差异，导致数据整合利用难度大、效率低。因此，相关财务管理信息不准确、不精准，大量财务管理数据在生成财务报表之后便处于休眠状态而丧失价值。但大数据使得企业高效率地处理整合海量数据成为可能，大量财务管理数据的准确性得以提升。企业目前的困境之一是现有的财务部门的工作人员缺乏信息化数据处理的思维与能力，对大数据技术的认识不足，而有关技术部门的人员虽然具备一定的信息化处理思维能力，但由于对财务管理相关方面理解不到位，导致不能从海量财务数据中提取出对企业有价值的信息。因此，在信息技术不断发展的同时，企业要高度重视综合型人才的培养、引进。财务数据是企业财务管理的核心，大数据时代，财务数据更多的是电子数据，这就需要财务管理人员尽快通过集中处理数据来提取对企业有用的信息，建立企业需要的新的数据分析模型，合理存储和分配财务资源，进而做出最优的财务决策。

七、促进企业财务人员角色的转变

从企业财务管理的角度分析，大数据为财务人员从记账复核和简单的报表分析向高层管理会计转型提供了机遇。大数据技术能够帮助财务人员破解传统分析难以应对的数据分析难题，及时评价企业的财务状况和经营成果，从而揭示经营活动中存在的问题，为改善经营管理提供明确的方向和线索。财务管理者应清晰认识到，对投资人决策有用的信息远远不止财务信息，伴随着大数据时代的到来，真正对决策有用的应该是广义的大财务数据系统，它包括战略分析、商务模式分析、财务分析和前景分析，它所提供的财务报告应该是内涵更丰富的综合报告，该报告能够反映企业所处的社会、环境和商业等背景，对企业战略、治理、业绩和前景等重要信息进行整合并列示。另外，综合报告中的非财务信息比例增大并进行了准确量化。

在大数据时代，CFO（首席财务官）将在企业价值创造中扮演更重要的角色。大数据时代CFO的主要职能在于进行更有效的企业价值分析和价值创造。运用财务云等先进的管理技术，CFO能对大量的财务、商业数据进行分析处理，发掘出对企业有价值的信息，优化企业业务流程，将资源更好地配置到快速增长的领域，从而为企业创造更大的价值。这要求CFO进一步强化对企业经营活动的反应能力、风险控制能力及决策支持能力。对于一般的财务人员来说，在应对大数据方面，需要更为广泛的数据处理能力作为支撑。大数据时代，财务数据更多的是电子数据，这就要求财务人员更好地掌握计算机技术，能从大量数据中抽取对自己有利的内容并为己所用。日益复杂的财务环境对企业财务管理提出了更高的要求，而培训又是提高员工综合素质最有效的手段，所以企业需结合自身的实际情况，聘请有经验的专家指导财务管理人员的工作，激发员工学习的积极性，提高财务管理人员的业务能力。

第三节　大数据对企业竞争优势的影响

战略论大致可以分为以下两种：以哈佛商学院教授迈克尔·波特为代表的"定位论"；以密歇根大学商学院教授普拉哈拉德与伦敦商学院客座教授哈默尔为代表的"核心竞争力理论"。

定位论认为，企业或者以产品种类为基础，或者以用户需求为基础，或者以与用户的接触方式为基础，确立其成本领先、差异化或目标聚集的竞争优势模式，进而制定防御型或进攻型战略。

核心竞争力理论主张企业关注客户长期价值，明确自身独树一帜的优势，并沿着这两个相对稳定的主线去拓展产品和业务。

两者的思维模式均是在准确预测和判断未来的基础上制定战略，在战略框架内抓落实，两者的决策主体都是商业精英而非员工和社会公众，两者的决策依据均是相对静止的、确定的结构化数据。

殊不知，社会化媒体和大数据动摇了战略论的决策基础。一是决策主体正从商业精英转向社会公众。社会化媒体的出现加速了信息传播的范围和效力，社交网络的普及增进了知识的共享和信息的交互，社会公众及其意见领袖已经成为企业决策的中坚力量。他们通过意见的表达、信息的传递，迅速形成信息共同体和利益共同体，成为商业经营决策的依据，也成为其决策的外部压力。二是决策的依据正从结构化数据转向非结构化、半结构化和结构化混合的大数据。在互联网经济时代，原材料、生产设备、顾客和市场等因素的定义越来越不固定，科技正走向跨领域融合，产业界限正在模糊，充斥其中的则是大量的非结构化数据。根据Gartner（高德纳咨询公司）预测，未来五年中，企业数据将增长八倍，其中80%的是非结构化数据。

大数据将成为竞争的关键性基础，并成为下一轮产品生产率提高、创新和为消费者创造价值的支柱。这把数据的重要性提到了竞争性要素的高度。信息时代的竞争，不是劳动生产率的竞争，而是知识生产率的竞争。企业数据本身就蕴藏着价值，企业的人员情况、客户记录对于企业的运转至关重要，但企业的其他数据也拥有转化为价值的力量。一段记录人们如何在您的商店浏览购物的视频、人们购买服务前后的所作所为、如何通过社交网络联系客户、是什么吸引合作伙伴加盟、客户如何付款等，所有这些场景都提供了很多信息，将它们抽丝剥茧，通过特殊的方法观察，将其与其他数据集进行对照，或者以与众不同的方式分析解剖，就能让企业的业务拓展发生翻天覆地的转变。因此，数据是所有管理决策的基础，带来的是对客户的深入了解和竞争优势。

一、竞争战略是否过时

（一）何为竞争战略

企业的战略管理主要是通过对企业及社会市场的变化进行管理来实现的。企业的战略管理者往往也是不断寻找和发现变化的人，他不仅需要寻找变化，还需要能够快速适应这种变化，并且不断地告诫企业中的所有人这样一个理念：变化是必然的，不可避免并且时刻存在的。从20世纪初，西方的战略管理研究领域就已经开始了对企业战略变化问题以及由其引起的企业组织变化问题展开了细致深入的研究，并且始终是战略管理领域中的研究热点，而在大数据时代背景下，社会的需求、经济市场的变化可谓是瞬息万变，竞争日益激烈，在这样的发展现状面前，加强对企业战略管理变化的研究就显得十分重要和必要了。

以竞争为本的战略思维的产生，源于20世纪80年代以迈克尔·波特教授为代表的学者提出的竞争战略理论。迈克尔·波特基于影响企业的五种作用力的假设，即新进入者的威胁、供应商的议价能力、替代品或服务的威胁、客户的议价实力，以及产业内既有厂商的竞争，提出了三种竞争优势模型，包括成本领先、差异化和目标聚集。在该理论的指导下，竞争成为企业战略思维的出发点。竞争战略理论认为，行业的盈利潜力决定了企业的盈利水平，而决定行业盈利潜力的是行业的竞争强度和行业背后的结构性因素。因此，产业结构分析是建立竞争战略的基础，理解产业结构永远是战略分析的起点。企业在战略制定时，重点分析的是产业特点和结构，特别是通过深入分析潜在进入者、替代品威胁、产业内部竞争强度、供应商讨价还价能力、顾客能力这五种竞争力量，来识别、评价和选择适合的竞争战略，如低成本、差异化和集中化竞争战略。在这种战略理论的指引下，企业决策者认为企业成功的关键在于选择发展前景良好的行业。

（二）大数据时代的商业生态

传统的企业战略管理模式是一个解决问题的正向思维模式，先发现问题再通过分析、找到因果关系来解决。但是，大数据环境下企业战略模式则不同，其是按收集数据、量化分析、找出相互关系、提出优化方案的顺序进行。它是一个使企业产生质的飞跃的积极思维模式，是战略层次的提高。

大数据环境中基于互联网的连接、海量数据的存储和云计算平台的融合，使得商业生态系统在数据获取、传递、处理、共享和应用方面，更加频繁与便利，更有助于知识溢出和协同创新。对企业战略决策而言，不仅要适应系统内环境，参与系统内开放性竞争，而且还能进一步影响和改变环境。大数据环境中商业生态系统的企业实体网络与虚拟网络相融合，随着数据与交易网络效应的放大，促进数据量能和用户数量的迭代增加，实现资源共享和优势互补，进一步强化商业生态系统的盈利模式和可持续发展。

1.市场洞察的实时与精准

大数据的实时处理与反映已经覆盖商业生态系统各个链条的各个节点，在既竞争又协同的非线性相互作用下，对于某一方所产生的任何需求及供给都能及时地做出反应，实时并精准地洞察市场的需求和用户的变化，指导企业提升产品与服务创新速度，缩短产品生命周期，基于个性化和差异化数据实现目标市场的细分，与行业耦合。

2.企业运作的竞合与协同

商业生态系统内企业边界、行业边界愈发模糊并几乎融合，开放性也更加明显。大数据背景下，以互联网和电子商务为平台的企业合作伙伴选择范围更广，商业生态系统的成员结构具有动态性，其合作关系表现为非线性的网络化企业运作，一方面体现在传统的大规模企业群体以原有的供应链为基础，向网络生态价值链转变，企业间分工协作、互利共生；另一方面体现在基于协同商务模式构建企业间的密切合作关系，使地域上异地分布、结构上平等独立的多个企业共同组成动态的"虚拟企业"或"企业联盟"。大数据环境下深入剖析商业生态系统新型企业间协同组织形式和运作机制，从而实现商业生态系统资源的优化、动态组合与共享。

3.社会公众的互动与反馈

大数据背景下商业生态系统各成员之间竞合关系的非线性作用更加具有不确定性，其网络结构也更具脆弱性，以用户参与为核心要素的创新模式对商业生态系统涨落的冲击力更大。大数据环境中海量数据主要来源于由互联网用户自主创造的信息和数据，新的产品或服务从最初的创意设计、生产制造、质量保证、营销策划、销售等价值创造环节都会注重公众的参与、互动和反馈，从而促进产品与服务的持续改进与迭代创新，实现企业与社会化群体的和谐一致与共同发展，全面摒弃传统的"闭门造车"管理模式，进而推动商业生态系统的持续优化和协同发展。

二、大数据时代对企业核心竞争力的挑战

（一）核心竞争力的要素

大数据时代，企业大数据和云计算战略将成为第四种企业竞争战略，并且企业大数据和云计算战略将对传统的企业三大竞争战略产生重要影响。企业管理者要对大数据和云计算高度重视，把其提高到企业基本竞争战略层面，企业大数据和云计算战略可以作为企业基本战略进行设计。因此，数据竞争已经成为企业提升核心竞争力的利器。来自各个方面零碎的庞大数据融合在一起，可

以构建出企业竞争的全景图，洞察到竞争环境和竞争对手的细微变化，从而快速响应，制定有效竞争策略。

企业传统的竞争力包括人才竞争力、决策竞争力、组织竞争力、员工竞争力、文化竞争力和品牌竞争力等。在大数据时代，数据正在逐步取代人才成为企业的核心竞争力，数据和信息作为资本取代人力资源成为企业最重要的具有智能化的载体。这些能够被企业随时获取和充分利用的信息和数据，可以引导企业对其业务流程进行优化和再造，帮助企业做出科学的决策，提高企业管理水平。

根据DC和麦肯锡的大数据研究结果的总结，大数据主要在以下四个方面挖掘出巨大的商业价值：

1.对顾客群体细分，然后对每个群体量体裁衣般地采取独特的行动；

2.运用大数据模拟实境，发掘新的需求和提高投入的回报率；

3.提高大数据成果在各相关部门的分享程度，提高整个管理链条和产业链条的投入回报率；

4.进行商业模式、产品和服务的创新。可见，大数据给企业核心竞争力带来了挑战，给数据的收集、分析和共享带来了影响，为企业提供了一种全新的数据分析方法，数据正成为企业最重要的资本之一，而数据分析能力正成为企业赢得市场的核心竞争力。因此，企业必须把大数据的处理、分析和有效利用作为新常态下打造企业核心竞争力的重要战略。

（二）产业融合与演化

企业运用财务战略加强对企业财务资源的支配、管理，从而实现企业效益最大化的目标。其中，最终的目标是提高财务能力，以获取在使用的财务资源、协调财务关系与处理财务危机过程中超出竞争对手的有利条件，主要包括以下条件或能力：1.创建财务制度的能力、财务管理创新能力和发展能力、财务危机识别的能力等。2.通过财务战略的实施，提高企业的财务能力，并促进企业总体战略的支持能力，加强企业核心的竞争力。

伴随着大数据时代的到来，产业融合与细分协同演化的趋势日益呈现。一方面，传统上认为不相干的行业之间，通过大数据技术有了内在关联，对大数据的挖掘和应用，促进了行业间的融合。另一方面，大数据时代，企业与外界之间的交互变得更加密切和频繁，企业竞争变得异常激烈，广泛而清晰地对大数据进行挖掘和细分，找到企业在垂直业务领域的机会，已经成为企业脱颖而出形成竞争优势的重要方式。在大数据时代，产业环境发生深刻变革，改变了企业对外部资源需求的内容和方式，同时也变革了价值创造价值传递的方式和路径。因此，企业需要对行业结构，即潜在竞争者、供应商、替代品、顾客、行业内部竞争等力量，进行重新审视，进而制定适应大数据时代的竞争战略。

（三）数据资源的重要性

大数据时代，数据成为一种新的自然资源。对企业来说，加入激烈竞争的大数据之战是迫切的，也是产出丰厚的。但是数据如同原材料，需要经过一系列的产品化和市场化过程，才能转化为普惠大众的产品。企业利用大数据技术的目的是增强企业决策管理的科学性，实质是新形势下人机结合的企业战略决策系统。通过企业内部决策系统的采集、分析、筛选、服务、协调与控制等功能，判断企业及所在行业的发展趋势，跟踪市场及客户的非连续性变化，分析自身及竞争对手的能力和动向，充分利用大数据技术整合企业的决策资源，通过制定、实施科学的决策制度或决策方法，制定出较为科学的企业决策，保证企业各部门的协调运作，形成动态有序的合作机制。

另外，将企业的决策系统与企业外部的环境结合起来，有利于企业制定科学合理的经营决策，从而保持企业在市场上的竞争优势。毫无疑问，大数据的市场前景广阔，对各行各业的贡献也将是巨大的。目前来看，大数据技术能否达到预期的效果，关键是在于能否找到适合信息社会需求的应用模式。无论是在竞争还是合作的过程中，如果没有切实的应用，大数据于企业而言依然只是海市蜃楼，只有找到盈利与商业模式，大数据产业才能可持续发展。

（四）企业不同生命周期中的财务战略与核心竞争力的关系

要提高企业核心竞争力就要处理好资源的来源与配置问题，其中资源主要指的就是财务资源，因此，财务战略的管理对企业核心竞争力的提升起到了重要的推动作用。

1.企业竞争力形成的初期采取集中的财务战略

企业在竞争力形成的初期，已经具备了初步可以识别的竞争力，在这一时期企业自己的创新能力弱而且价值低，企业可以创造的利润少而且经营的风险比较大。同时，在这个阶段对市场扩展的需求紧迫，需要大量的资金支持。在这个时期由于企业的信誉度不够高，对外的集资能力差，所以在这一阶段企业可以采用集中财务的发展战略，即通过集中企业内部资源扩大对市场的占有率，为企业以后核心竞争力的发展提供基础。在资金筹集方面，企业应实行低负债的集资战略，由于企业这个阶段的资金主要来源于企业内部以私人资金为主，因此在这一时期最好的融资办法是企业内部的融资。在投资方面，企业为了降低经营风险，要采用内涵发展型的投资策略，挖掘出企业内部实力，提高对资金的使用效率。这种集中财务的发展战略重视企业内部资源的开发，所以可以在一定的程度上减少企业经营的风险。在盈利的分配方面，企业最好不实行盈利的分配政策，把盈利的资金投入到市场开发中来，充实企业内部的资本，为企业核心竞争力提升准备好充足的物质基础。

2.企业在核心竞争力发展阶段采用扩张财务的战略

企业核心竞争力在成熟、发展的阶段，由于此时核心竞争力开始趋于稳定并且具有一定的持久性，这个时候的企业除了要投入需要交易的成本之外，还要特别注意对企业知识与资源的保护投入。在这一时期，企业要利用好自己的核心竞争力并对其进行强化，在财务上要采用扩张财务的战略，实现企业资产扩张；在融资力方面要实行高负债的集资战略；在投资方面采用一体化的投资；在盈利分配方面实行低盈利的分配政策，来提高企业整体影响力。

3.企业在核心竞争力稳定的阶段采用稳健的财务战略

企业在这一阶段要开始实施对资源的战略转移，采取稳健的财政战略来分散财务的风险，实现企业资产的平稳扩张。在该阶段，企业可采取适当的负债集资法，因为此时企业有了比较稳定的盈利资金积累，所以在发展时可以很好地运用这些资金，以减轻企业的利息负担。在投资方面，企业要采取多元化的投资策略；在盈利的分配方面可以实施稳定增长的盈利分配法。企业的综合实力开始显著加强，资金的积累也达到了一定的数值，拥有了较强的支付能力，所以企业可以采用稳定增长的股份制的分红政策。

三、大数据时代企业竞争优势的演化方向

（一）对企业内外部环境的影响

大数据已经渗透到各个行业和业务职能领域，成为重要的生产因素，大数据的演进与生产力的提高有着直接的关系。随着互联网的发展，数据也将迎来爆发式增长，快速获取、处理、分析海量和多样化的交易数据、交互数据与传感数据，从而实现信息最大价值化，对大数据的利用将成为企业提高核心竞争力和抢占市场先机的关键。大数据因其巨大的商业价值正在成为推动信息产业

变革的新引擎。大数据将使新产品的研发、设计、生产及工艺测试改良等流程发生革命性变化，从而大幅提升企业研制生产效率。对于传统服务业，大数据已成为金融、电子商务等行业背后的金矿。大数据不仅是传统产业升级的助推器，也是孕育新兴产业的催化剂。数据已成为和矿物、化学元素一样的原始材料，未来大数据将与制造业、文化创意等传统产业深度融合，进而衍生出数据服务、数据化学、数据材料、数据制药、数据探矿等一系列战略性新兴产业。

（二）获取竞争情报的新平台

大数据环境具有典型的开放性特点，企业利用大数据能够极大限度地突破时间和空间的束缚，为企业的发展创建更高的平台。同时，企业经营环境的随机性与变动性不断增强，企业经营模式也应不断随之进行调整，只有做到与外部大环境的发展同步，才能使企业在竞争中站稳脚跟。

大数据的应用为企业的决策提供了客观的数据支持，企业决策不再单单依托管理者的思想和经验，而是更多地依托于完善的数据体系，从而提高了企业的决策准确性，为企业的发展战略指明了道路，增强了企业的竞争力，扩大了企业的可持续发展空间。

在大数据时代，企业的关键情报主要来源于以下两个大的方面。一方面，来源于网络渠道。企业可以利用免费或者付费的方法，获取包含竞争信息、宏观经济、政策机遇、标杆前沿的数据信息。其中竞争信息指的是，可以利用电商网站得到同行竞争对手的产品、售价与营销方式，利用新闻媒体活动、公开的企业专利栏、企业数据库实时了解竞争对手的状态；客户数据是指可以利用电商网站、内在门户获取消费者在网络或是移动客户端之间反馈的意见与评论；政策的读取是指可以利用国务院所有部委的公告、所有地方政府发布的产业政策信息、地方上的规划准则、所有地方产业园的信息开采机会渠道，利用渠道直接获得更加系统的情报信息。另一方面，来源于自身渠道。企业可以利用内部的信息系统、门户网站或网页、客服系统来分析挖掘出自身的数据信息。针对自身的核心业务，考虑到数据的安全性，应该运转在企业自己的平台上，给集团与各级公司一致带来运转环境，尽可能不让各层下级机构在基础设备上进行投入。

（三）实践中的创新尝试

大数据，可以说是史上第一次将各行各业的用户、方案提供商、服务商、运营商，以及整个生态链上游的厂商，融入一个大的环境中，无论是企业级市场还是消费级市场，抑或政府公共服务，都开始使用大数据这一工具。以企业供应为例，通过大数据运营可以实现供应商平台、仓储库存、配送和物流、交易系统、数据分析系统等供应链的全环节整合与优化，实现数据统一管理、全面共享，最终达到供应链管理创新。IBM对全球多位经济学家调查显示，全球每年因传统供应链低效损失相当于全球GDP的28%。

零售企业基于大数据的智慧商务平台，可以根据顾客购物行为模型进行订单化采购与销售，合理进行线下线上配送、交易，实现库存管理动态分析预警，同时能保证库存、价格信息的动态实时更新。零售企业百思买的经验值得借鉴，百思买通过建立集成多个订单管理模块的单一平台，能够对客户引流、选择、购买、支付、提货和服务等零售购买的各环节在线上线下任意组合，通过后台系统各环节数据的打通与共享也极大节约了成本，并提高了库存的准确性和服务水平，最终提升了客户全渠道购买体验。

第四节　大数据对企业财务决策的影响

大数据打破了企业传统数据的边界，改变了过去商业智能仅仅依靠企业内部业务数据的局面，使数据来源更加多样化，不仅包括企业内部数据，也包括企业外部数据，尤其是和消费者相关的数据。大数据时代，企业所面临的问题不仅仅是大数据的技术问题，更是管理问题。未来的新型管理模式将会充分利用大数据、系统集成、计算实验、仿真等方法，提高顶层设计和战略体系的科学性，凡事都将用数据说话。

一、大数据对市场有什么影响

（一）传统的市场结构及研究思路

1.传统的市场结构及变化

小数据时代，要素、产品的供给和需求无法精确到每一个个体，要素的供给和需求只能按照市场平均价格定价，对每个厂商的特殊要素要求无法实现，因此会造成资源的浪费和利润的损失；对产品的需求和供给在消费市场上有营销的"长尾效应"。在短头部分存在着为数不多的大规模需求,而在长尾部分存在着很多不同的需求,但每种需求的消费者群体都不多,如果按照这种需求情况投产,生产者只能生产大规模的同质产品,消费者只能消费同质化的产品。这对生产者来说,意味着无法实现利润最大化;对消费者来说,意味着消费者剩余无法得到满足。大数据时代,基于大量存在的数据和高超的数据分析技术,以及第三次工业革命导致的制造业呈现出的数字化、智能化、定制化、互联化和生态化等特点,传统的产品要素需求和供给结构已经被打破,为满足消费者个性化的需求提供了契机。市场将提供给每个消费者所需要的异质化产品,由此将导致厂商的利润实现最大化,而消费者的消费需求也将得到满足,消费者将得到最大的消费者剩余,整个社会将会实现帕累托最优,达到经济增长的最优状态。

2.市场调研的理论基础

成熟的分析方法能够显著改善决策过程、实现风险最小化,以及揭示本来隐藏着的洞见。大数据可以提供算法研究或者算法执行所需要的原始材料。有些企业已经通过分析来自客户、雇员甚至嵌入产品中的传感器的整个数据集而做出更有效的决策。大数据让企业能够创造新产品和服务,改善现有产品和服务,以及创造全新商业模式。医疗保健领域通过分析病人的临床和行为数据,创建了预防保健项目。制造企业通过内嵌在产品中的传感器获取数据,以创新售后服务并改进下一代产品。实时位置数据的出现已经创造了一套全新的从导航应用到跟踪的服务体系。

3.大数据带来的方法创新

大数据的调研方法为市场研究人员提供了以"隐形人"身份观察消费者的可能性,超大样本量的统计分析使得研究成果更接近市场的真实状态,同时具有丰富性、实时化、低投入等特点。大数据时代新的市场研究方法使"无干扰"真实还原消费过程成为可能,智能化的信息处理技术使低成本、大样本的定量调研成为现实,这将推动消费行为及消费心理研究达到一个新的高度,帮助企业更为精准地捕捉商机。

(二)大数据时代的市场演变方向

1.粉丝经济的重要性

利用大数据使组织能够对人群进行非常具体的细分,以便精确地定制产品和服务以满足用户需求。这一方法在营销和风险管理领域广为人知。随着技术的进步，许多公司已经将客户进行微观细分，以便锁定促销和广告方式。在公共部门，如公共劳动力机构，利用大数据，为不同的求职者提供工作培训服务，确保采用最有效和最高效的干预措施使不同的人重返工作岗位。

大数据时代一方面使得数据数量急速增加，质量却泥沙俱下，优劣难辨。另一方面是产品和服务更加定制化，消费者市场并不是一个简单的划分，而是通过数据做到精细划分，企业所面临的是一个个消费者，并非一群消费者，个性化营销成为企业应对大数据时代的主体营销方式。在这点上，小米公司就取得了巨大的成功。广泛的社会调研为小米提供了第一手数据和粉丝经济，使小米公司不但成为成长最快的互联网公司，也为小米以后的转型及产业链发展积累了底气。小米粉丝文化的盛行，可以看到现今互联网市场是一个以客户为导向定制产品的过程，品牌与粉丝文化已经融为一体，经营粉丝已经成为经营品牌、经营企业非常重要的一环。

运用大数据能够起到帮助企业重新定义目标市场、精细划分目标市场的作用。大数据对于用户行为、信息、关系的追捕，能够有效推动并构建大数据平台，也能给作为合作伙伴的商户消费者反馈。新影数讯公司是一家基于网络社交媒体数据分析，应用于影视娱乐行业的技术型公司，是业内领先的数据服务提供商。在其开发的软件的数据库当中，存放了两万部电影、六万名艺人、四千位导演的信息，以及公众对他们的评价。除此以外，数据库中还包含了约8000万人，涵盖微博80%活跃用户的偏好分析。有了这些海量数据作为基础，该软件可以通过全面分析个体用户对于某部特定影片的喜好，在电影公映之前准确预测电影票房，准确度达到85%以上。

2.如何进行精准营销

2005年，营销大师菲利普·科特勒提出精准营销就是利用信息技术和数据处理技术对客户进行精准的细分，实行一对一的准确营销，提高顾客让渡价值，充分满足客户的个性需求。可见，精准营销是迎合市场内外环境的变化，在4P的理论基础上，融合了4C营销组合理论来适应新环境的发展。精准营销绕过复杂的中间环节，直接面对消费者，通过各种现代化信息传播工具与消费者进行直接沟通，从而避免了信息的失真，可以比较准确地了解、掌握他们的需求和欲望。精准营销是渠道最短的一种营销方式，由于减少了流转环节，节省了昂贵的店铺租金，使营销成本大为降低，又由于其完善的订货、配送服务系统，使购买的其他成本也相应减少。

精准营销商经常向顾客提供大量的商品和服务信息，顾客不出家门就能购得所需物品。精准营销实现了与顾客的双向互动沟通，这是精准营销与传统营销最明显的区别之一。在大数据时代，通过对顾客和企业的信息的双向推荐，实现顾客界面与企业界面的对接，增强其联系度，实现通过"用户画像"进行精准营销。在如此激烈而又庞大的市场中，电商们迫切想知道的想必就是用户需求。随着互联网和电子商务的快速发展，"用户画像"这个概念悄然而生，它抽象地描述了一个用户的信息全貌，是进行个性化推荐、精准营销、广告投放等应用的基础。

大数据下的用户思维通过线上、线下、交易、交互等各种结构化和非结构化的数据，让用户更加完整地展现在企业面前。在完整的用户画像面前，零售企业相对于"裸泳"的用户，用户需要什么，怎么获取，怎么营销一目了然。未来的经济将是消费者体验式经济，谁能在精准刻画消费者画像的同时提升消费者体验，谁就将引领并占有市场。通过不同用户评价、产品介绍和统计数据，消费者更容易发现产品真实、客观的质量，在此情况下，消费者对品牌的依赖度越来越低，不再将品牌作为衡量产品质量的重要依据。在大数据挖掘中，关键的顾客需求包括顾客对隐私保护的基本诉求、顾客核心价值的发掘和利用，以及顾客行为的培养与转化等。企业营销创新必须充分考虑来自顾客方面的正负效应，而让顾客全程参与创新实践是大数据时代营销创新的重要特征。

以房地产营销为例，数据资源是房地产企业提升竞争力的关键之一，庞大的数据来源保证了精准的客户定位，为房地产企业成功营销提供了可能。房地产企业可以通过信息系统实现精准营销，凭借房地产商自身的数据优势，建立客户信息系统，将客户进行分类，通过挖掘大数据，提炼出客户信息，有针对性地实现精准营销。

3.品牌忠诚度降低

研究已经表明，如今有25%的顾客会十分忠诚于使用同一品牌，而有25%的顾客会尝试不同的品牌，同时几乎所有的品牌指标都在下降，包括品牌知名度下降20%、品牌可信度下降50%、品牌威望下降12%。大众品牌影响力的下降和大众媒体接触的减少是大众市场"碎片化"的两大特征。消费、品牌、媒介、生活方式也正朝着"碎片化"方向发生着相应变化。从消费者的角度来看，这是追求自我、追求个性的必然发展方向。从生产者的角度来看，这是未来产品宣传、品牌定位、媒介选择的主要依据。碎片化的社会大众被各种媒体、各种信息无限分割，营销者与广告商很难再通过某一单一媒体全面覆盖到各种目标人群，营销成本逐年上升。

随着大数据时代的来临，企业可强化利用社交媒体加强口碑营销的可能性。移动互联应用是提升受众黏性和营销层次的重要手段，改变了传统的营销模式，将自身的内容资源与多平台、多媒介、多渠道有效整合。社交媒体中形成的社群化，已经成了目前最重要的社会关系。而这种社群化的强大黏性和稳定性正是口碑营销得以运作并达到较好效果的基础。利用议程设置制造话题，通过大V等意见领袖引领舆论，经由社交成员口碑扩散，最终在互联网上迅速放大，这通常是社交媒体口碑营销的常见手段。企业要做的就是真正把自己的产品或者服务做好，市场又回到了"酒香不怕巷子深"的时代。

在大数据时代，产品都是以信息形式存在的，真正好的产品都会自传播，消费者会替企业去宣传产品，过去以企业和产品为中心打造品牌的模式逐渐显得不合时宜，企业要逐渐转变为以终端消费者为中心的商业模式，只要是真正的好产品、好服务，消费者都会通过互联网轻易找到。从另一角度来看，大数据时代，借助发达的互联网技术，消费者品牌转移的成本极大降低，很多情况下，只需要鼠标的瞬间点击。

提炼目标人群是营销最有吸引力的竞争优势点，每个成功的品牌都将品牌的功能性与消费者的心理需求紧密联系起来，以准确将品牌定位传达给消费者。随着客户要求的日益严苛，未来企业卖的不只是产品，还有体验。客户可以通过网络随时随地分享他们对企业的"牢骚抱怨"和"吹捧赞扬"，这也说明了客户体验对企业而言十分重要，它能有效帮助企业进行口碑营销。

在微信普及以后，微信将用户数据信息还原成了一个个真实的"人"，企业可以通过微信号知道用户的性别、地理位置等基本资料，具备了建立用户数据库的可能性，为品牌准确定位找到了方向。微信平台不仅仅是自媒体平台而且兼备用户功能管理，具有其他社交媒体所没有的服务，因此，重视服务也成为微信营销不同于其他营销的重要方向。做好服务，应从建立社区、重视沟通两个方面入手。微信平台作为一个综合多媒体平台，品牌可以在微信营销账号中建立一个"消费者社区"，将忠实客户、潜在客户都聚集在一起。"消费者社区"的价值在于"制造口碑""话题互动""信息传播"。

在"社区"中的消费者交流更平等，角度也更为多样化，问题也更为集中化，用户更容易指出品牌的不足和对品牌的要求，最终汇成有益信息。粉丝与公众账号是有比较强烈的交流意愿的，但由于公众账号需要登录PC端才能使用，所以沟通起来并不方便。当粉丝发送信息后，后台可以利用关键词自动回复，让粉丝知道稍后就会回复他，随时给予粉丝一个互动的状态，在服务中凸显营销，能发掘更大的空间。营销过程中要把握好度，策划人员要把精力花在更好的内容策划上，在用户不反感的前提下，不断给用户以刺激和新鲜感，保持长期稳定的联系。这样所拥有的忠实粉丝除了可以直接带来消费收益之外，还是最佳的口碑传播源，甚至在搞活动的时候他们会积极参与其中。

需要注意的问题是，当微信成为每个智能手机使用者的"必备工具"，微信平台就提供了一个拉近卖方与买方的"捷径"。然而越来越多的使用者加入公众平台，成为企业的"粉丝"，他们所期待的是什么，这一问题并没有被大多数品牌企业所考虑。专业的推送内容吸引基数较少的专业用户，而覆盖率最高的则是内容相对浅显的文章。不考虑使用者想看什么，而只一味提供"我想让你看的内容"，成为企业微信平台的"通病"。品牌微信营销不是洗脑，也不是广告，而是通过微信这一渠道去传播品牌，充分利用微信用户、用户关系结构、兴趣点和影响的切入点，传播品牌。只有挖掘自己的大数据，分析粉丝的关注心理，从关注者的角度去看待微信平台，将"我想让你看的内容"转变为"你想从我这里获得的内容"，这才是微信营销的关键。

二、大数据时代的财务战略决策目标

（一）保证大数据环境下的数据质量

1.管理环境的挑战

大数据时代下，每个个体都是数据的产生者，企业的任何一项业务活动都可以用数据来表示，如何保证大数据的质量，如何建模、提取并利用隐藏在大数据中的信息，从数据收集、数据存储到数据使用，企业必须制定详细、缜密的数据质量管理制度，在数据库设计时要考虑大数据在各个方面可能发生的种种意外情形，利用专门的数据提取和分析工具，任命专业的数据管理人才加强对大数据的管理，提高员工的数据质量意识，以保证大数据的数据质量，从而挖掘出更多准确、有效、有价值的信息。

在云计算的基础上，大数据环境对企业的信息收集方式、决策方案制定，以及方案选择与评估等内容具有一定的影响，从而进一步影响企业管理决策内容。基于研究内容以及研究现状表明，我国当前企业在发展过程中，运用数据驱动的企业，其内部内容以及财务状况良好，凸显出财务状况的具体实效。大数据当中的数据内容具备先进性特点，对知识经济各项生产要素的发展具有重要作用。大数据的运用已经成为企业实现现代化发展的重要因素，大数据为企业管理决策方面的内容提供了新环境。

2.流程视角的挑战

从流程的角度，即从数据生命周期角度来看，可以将数据生产过程分为数据收集、数据存储和数据使用三个阶段，这对保证大数据质量分别提出了不同的挑战。首先，在数据收集方面，大数据的多样性决定了数据来源的复杂性。大数据的数据来源众多，数据结构随着数据来源的不同而各异，企业要想保证从多个数据源获取的结构复杂的大数据的质量，并有效地对数据进行整合，是一项异常艰巨的任务。来自大量不同数据源的数据之间存在着冲突、不一致或相互矛盾的现象，在数据量较小的情形下，通过编写简单的匹配程序，甚至是人工查找，即可实现多数据源中不一致数据的检测和定位，然而这种方法在大数据情形下却显得力不从心。另外，由于大数据的变化速度较快，有些数据的"有效期"非常短，如果企业没有实时地收集所需的数据，有可能收集到的就是"过期的"、无效的数据，在一定程度上会影响大数据的质量。数据收集阶段是整个数据生命周期的开始，这个阶段的数据质量对后续阶段的数据质量有着直接的、决定性的影响。因此，企业应该重视源头上的大数据质量问题，为大数据的分析和应用提供高质量的数据基础。

其次，在数据存储阶段，由于大数据的多样性，单一的数据结构（如关系型数据库中的二维表结构）已经远远不能满足大数据存储的需要，企业应该使用专门的数据库技术和专用的数据存储设备进行大数据的存储，保证数据存储的有效性。据调查，目前国内大部分企业的业务运营数据仍以结构化数据为主，相应地主要采用传统的数据存储架构，如采用关系型数据库进行数据的存储，对于非结构化数据，则是先将其转化为结构化数据后再进行存储、处理及分析。这种数据存储处理方式不仅无法应对大数据数量庞大、数据结构复杂、变化速度快等特点，而且一旦转化方式不当，将会直接影响到数据的完整性、有效性与准确性等。数据存储是实现高水平数据质量的基本保障，如果数据不能被一致、完整、有效地存储，数据质量将无从谈起。因此，企业要想充分挖掘大数据的核心价值，首先必须完成传统的结构化数据存储处理方式向同时兼具结构化与非结构化数据存储处理方式的转变，不断完善大数据环境下企业数据库的建设，为保证大数据质量提供基础保障。

最后，在数据使用阶段，数据价值的发挥在于对数据的有效分析和应用，大数据涉及的使用人员众多，很多时候是同步地、不断地对数据进行提取、分析、更新和使用，任何一个环节出现问题，都将严重影响企业系统中的大数据质量和最终决策的准确性。数据及时性也是大数据质量的一个重要方面，如果企业不能快速地进行数据分析，不能从数据中及时提取出有用的信息，就将会丧失预先占领市场的先机。

3.技术视角的挑战

技术视角主要是指从数据库技术、数据质量检测识别技术、数据分析技术的角度来研究保证大数据质量的挑战及其重要性。

大数据及其相关分析技术的应用能够为企业提供更加准确的预测信息、更好的决策基础以及更精准的干预政策，然而如果大数据的数据质量不高，所有这些优势都将化为泡影。

在数据规模较小的情况下，关系型数据库就能满足企业数据存储的需要，一般企业信息系统数据库中的记录通常会达到几千条或上万条，规模稍大的企业，其数据记录能达到几十万条。在这种情况下，检测数据库中错误、缺失、无效、延迟的数据非常容易，几分钟甚至几秒钟就能完成对所有记录的扫描和检测。

然而在大数据时代，企业的数据量不仅巨大，而且数据结构种类繁多，不仅仅有简单的、结构化的数据，更多的则是复杂的、非结构化的数据，而且数据之间的关系较为复杂，若要识别、检测大数据中错误、缺失、无效、延迟的数据，往往需要数百万甚至数亿条记录或语句，传统的技术和方法常常需要几小时甚至几天的时间才能完成对所有数据的扫描与检测。

从这个角度来讲，大数据环境给数据质量的监测和管理带来了巨大的挑战。这种情况下，传统的数据库技术、数据挖掘工具和数据清洗技术在处理速度和分析能力上已经无法应对大数据时代所带来的挑战，处理小规模数据质量问题的检测工具已经不能胜任大数据环境下数据质量问题的检测和识别任务，这就要求企业应根据实际业务的需要，在配备高端的数据存储设备的同时，开发、设计或引进先进的、智能化的、专业的大数据分析技术和方法，以实现大数据中数据质量问题的检测与识别，以及对大数据的整合、分析、可视化等操作，充分提取、挖掘大数据潜在的应用价值。

4.管理视角的挑战

管理视角主要探讨企业高层管理者、专业管理和技术分析人员对保证大数据质量的重要性。

首先，大数据的管理需要企业高层管理者的重视和支持。只有得到了企业高层管理者的高度重视，一系列跟大数据有关的应用及发展规划才能有望得到推动，保证大数据质量的各项规章制度才能得到顺利的贯彻和落实。缺少高层管理者的支持，企业对大数据管理、分析和应用的重视程度就会有所降低，大数据的质量就无法得到全面、有效的保证，从而将会大大弱化大数据价值的发挥，不利于企业竞争能力的提升。因此，企业应该在高层管理者的领导和带领下，加强大数据质量意识，建立完善的数据质量保证制度。

其次，专业数据管理人员的配备是保证大数据质量不可或缺的部分。由于大数据本身的复杂性增加了大数据管理的难度，既懂得数据分析技术，又谙熟企业各项业务的新型复合型管理人员是当下企业应用大数据方案最急需的人才，而首席数据官（Chief Data Officer，CDO）就是这类人才的典型代表。CDO是有效管理企业大数据、保证大数据质量的中坚力量。企业要想充分运用大数据方案，任命CDO来专门负责大数据所有权管理、定义元数据标准、制定并实施大数据管理决策等一系列活动是十分必要的。

CDO的缺失是国内数据管理方式落后的直接体现，而落后的数据管理方式是影响大数据应用、阻碍大数据质量提升的重要因素之一。传统的数据管理方式已经远远不能满足大数据环境下数据质量的要求。以往大部分企业在运营过程中均由业务部门负责掌管数据，IT部门负责信息技术的应用，这种分离式的运营管理方式容易造成业务人员不了解分析不同数据所需的不同IT工具，而IT人员在运用IT技术分析数据时不了解数据本身的内涵，甚至会做出错误的数据解释，影响了企业决策的准确性和有效性。

为此，企业应该对组织架构体系及其资源配置进行重组，让数据管理与分析部门处于企业的上游位置，而设立CDO便是企业重组的成功标志之一。

大数据环境下，还应配备专业、高端的数据库设计和开发人员、程序员、数学和统计学家，在全面保证大数据质量的同时，充分挖掘大数据潜在的商业价值。此外，在大数据生产过程的任何一个环节，企业都应该配备相应的专业数据管理人员，通过熟悉掌握数据的产生流程进行数据质量的监测和控制。如在数据获取阶段，应指定专门人员负责记录定义并记录元数据，以便于数据的解释，保证企业全体人员对数据的一致、正确理解，保证大数据源头的质量。

（二）大数据对管理决策的影响

1.大数据环境下的数据管理

在大数据环境下，企业的管理决策内容的技术含量以及知识含量得到丰富，数据已经成为企业管理决策的重要内容。有效对数据质量以及数量内容进行管理，对企业发展具有重要作用。一旦企业不重视数据内容的处理与存储，将造成大量数据内容流失，严重影响企业通过数据分析当前市场环境，市场竞争力下降。

传统上，我们认为会计的基本职能是核算与监督。企业中会计人员的主要职能和精力放在了会计单据的审核、记账、报告、归档等基础工作上。这种格局在大数据时代将发生也正在发生着变化，会计由"核算财务"向"价值提升"转化。大数据的数据管理过于烦琐，需要对整体的解决方案内容进行筛选、抽取与集成，保证多数据处理的质量与可靠性，在此基础上对各项信息及内容进行总结；数据的产生与处理需要满足处理的根本性需求，将数据实时分析的内容作为处理核心内容，发现实时数据的具体作用。在这一层面上，实时数据的及时处理则需要予以充分重视，数据之间的关系内容呈现出关联性特点。大数据的出现使得数据之间的各项内容呈现出关联性特点，转变了传统的因果关系体系。这种方式的转变，使得大数据能够实现信息挖掘，提升信息的可靠性，发现大数据的具体价值。

2.大数据的知识管理

基于知识管理的角度进行分析，数据当中蕴含着大量知识内容，同时也是影响决策内容的重要因素。在大数据时代下，企业想要获取管理决策方面的知识内容，需要大数据对各项数据进行挖掘，从而获得丰富的知识体系。通过上述各项分析内容得知，数据管理与知识管理在一定程度上能够体现企业对大数据的应用状况，保证两方面的协调发展，使得企业在运用大数据的过程中深入挖掘其中内涵，更新企业发展模式，提升企业综合竞争力。

大数据时代，以知识为核心要素的企业创新速度更快、产品生命周期更短；以互联网和电子商务为平台的合作伙伴选择范围更广，企业生态系统的成员结构呈现出一定的动态性；以知识共享和流程优化的生态系统成员合作关系表现为非线性的竞合关系；以差异化数据为导向的市场细分与行业耦合更趋偶然性。这些非平衡态因素促进了企业生态系统内外的信息、资源、能量等要素的流动，有助于产生自组织现象，以知识为核心要素的技术创新对企业生态系统涨落的冲击力更大。因此，有价值的数据是企业制定战略决策、技术创新、挖掘顾客需求的指南针，也是改变企业生态系统的有序结构、形成企业生态系统耗散结构的触发器，从而促使企业生态系统偏离原有的稳定状态，进入新的稳定状态。

（三）对管理决策参与者的影响

1.数据分析师价值的凸显

在大数据环境下，数据分析师在企业管理决策的具体参与中呈现出重要的作用。数据分析师能够运用统计分析以及分布式处理等各项执行手段，在大量数据的基础之上对整个业务操作方面进行有效的整合，通过易于传达的方式将信息传递给决策者。但由于数据分析师人才的大量欠缺，需要多年的培养，在这方面存在一定不足。大数据内容改变了长期以来单纯依靠经验，以及自身具备知识水平与决策能力的决策形式，直觉的判断方式也让位于精准的数据分析内容，使得决策者的自身职能手段发生相应变化。基于企业内部的高层管理人员进行分析，由于传统企业生产经营过程中对于数据方面的应用较为欠缺，并且数据缺乏全面性的特点，高层管理者只能凭借自身的经验进行管理决策内容的制定与判断。

大数据的出现，能够在基于数据的基础分析之上，从事实角度出发，结合管理者的管理经验，对决策准确性具有促进作用；对于企业的一般管理者与员工，能够为其提供决策所需要的信息内容，以提升决策能力和决策水平，使决策内容更加倾向于企业的员工。

互联网信息时代，科技水平的发展正在促进各个领域之间的融合，使得产业界限逐渐模糊，社会化的决策内容正在崛起。因此，多元化的大环境内容更加突出，决策来源呈现出广泛的发展趋势，全员参与的管理决策方式也已经被广泛关注。

2.创新以大数据为基础的关键业务和活动流程

大数据背景下，企业生态系统的主体、资源、结构、价值、边界网络等要素进行不断的动态演化和重构，创新以大数据为基础的关键业务和活动流程是企业生态系统获取竞争优势的动力源泉。

创新以大数据为基础的关键业务和活动流程主要包括：

（1）基于大数据的流程优化，提高业务流程的处理效率，如物流企业通过对合作伙伴多维大数据的分析，找出企业物流配送的最优运输模式和路线，提高物流配送效率；（2）应用大数据作为企业活动的关键资源，创新企业生态系统的价值活动，如玩具制造企业，通过挖掘企业生态系统中合作伙伴的交易数据、客户购买行为数据、产品质量数据等关键资源，改进产品的设计和性能，创造企业新的价值增长点；（3）以大数据活动取代企业传统的业务和流程，形成企业生态系统新的经营方式和合作模式，如沃尔玛和宝洁公司，通过对商业数据的分析形成联合库存管理，改变了传统的库存管理的业务类型和活动流程。

（四）对管理决策组织的影响

1.重构决策权

大数据之下的全员参与内容，使得企业决策中的参与决策内容发生转变，对决策权的内容进行重新分配，严重影响企业的决策组织和决策文化的内容。企业管理决策组织方面分析，主要包含两方面：一方面为集中决策与分散决策的选择；另一方面为决策权的分配问题。基于集中决策与分散决策的内容进行分析，从组织理论层面来看，可预测的环境对于企业的组织过程施加的影响较小，有利于形成集中分层的决策结构，在不可预知的环境中，分散决策结构对于管理决策具有重要的指导作用。但基于动态变化的环境下，分散决策则更能够发挥出集中决策所不能够发挥的作用，为企业管理决策制定提供便利。

除此之外，企业组织结构当中的内容还在一定程度上受到知识分布以及知识转移成本方面的影响，一旦企业内部的高层领导者处于集中状态，就需要通过集中决策结构对管理决策内容进行制定。

基于决策权的具体分配进行分析，企业在进行市场经济竞争中不具备优势的主要原因是由于没有将具体决策权分配给个人，并未准确评估个人的基本因素，严重影响管理决策内容制定的质量。员工在企业生产经营过程中所掌握的各项技能以及基本的信息量越多，理论上决策权应该越大，知识与权力内容在协调性方面的匹配程度越高，则说明在进行各项管理决策指标方面的内容越好。信息技术与网络技术在现代的发展，应该基于金字塔型代表的传统的管理组织模式，其已经逐渐转向人本思想管理内容和扁平化组织结构。

在大数据的发展环境下，企业的内部基层员工也能够掌握相应的主动权内容，使得扁平化的发展趋势更加明显，决策分配顺应相应变化。在企业管理决策制定的过程中，有效地吸纳管理决策当中存在的各方面内容，探析大数据环境下组织结构的建设措施。

2.重塑企业文化

大数据下的企业管理决策文化方面受到一定冲击。但需要注意的是，大数据时代并不是运用大数据去得到具体内容，而是通过应用大数据能够知道哪些内容。将大数据运用在企业管理决策方面，有效地转变思想观念方面的内容，遇到重大决策时，需要对数据内容进行收集与分析，保证对各项内容进行准确、有效的决策，在思想转变的同时提升对数据运用的具体执行能力，并且企业内部的管理人员也需要通过数据促进企业内部管理策略文化的形成，并基于具体数据做出合理分析，优化内部文化的管理决策过程。在企业发展过程中，企业管理人员为应用大数据提升内部管理决策方面的环境，在大数据的基础之上对整体企业文化制度以及各方面内容进行创新，提升决策的客观性。

企业从海量的大数据中要挖掘出对企业决策有参考价值的数据，需要经历发现、提取、加工、创新等一系列复杂过程，同时需要企业全体成员参与数据的管理和控制，形成以数据为支持的决策导向。这就需要完善企业生态系统的数据处理制度，形成重视数据处理与应用的企业生态系统文化，主要措施包括建立数据收集和处理的制度文化，如数据收集、存储制度、数据传递、共享制度、保障数据安全制度等。建立起企业员工对数据处理和应用的理念，通过员工技能培训、学习、讨论、考核等方式深化企业员工对数据开发和应用的意识，让企业生态系统全体成员普遍接受以数据应用为核心的工作方式。在企业生态系统成员之间建立行之有效的知识激励机制，包括知识明晰机制、知识绩效机制、知识奖惩机制，以形成特有的、规模化的、不断创新的知识资产和核心生产要素，培育重视大数据处理和应用的企业生态系统文化。

（五）基于大数据支持的企业决策管理系统的构建

1.基于生态系统及其协同共生的决策创新

大数据为现代企业的运营管理模式带来了深刻变革，使得企业可以整合产业生态链资源，进行产业模式创新；可以重塑企业与员工、供应商、客户、合作伙伴之间的关系进行企业管理创新；可以整合资源，创新协同价值链，提供新的产品与服务，打造新的商业模式。事实上，基于企业大数据的新型企业管理理念和决策模式正在商务管理实践中涌现。现代企业将逐渐摒弃"以产品为中心"、注重微观层面的产品、营销、成本和竞争等要素的传统管理模式，转变为"以服务为中心"、注重宏观层面的资源、能力、协同发展、价值创造和产业链合作等要素面向的"社会媒体—网民群体—企业群"三位一体、和谐共生的"企业网络生态系统"的新型管理模式。因此，结合社会媒体和网民群体产生的丰富的企业大数据，研究企业群体的共生、竞争协同演化，建立可持续发展的企业网络生态系统，对于企业管理与决策具有重要意义，同时应重点关注基于社会化媒体的企业众包与协同发展、基于网络大数据的企业生态系统建模、企业生态网络中的协调运作与分配机制等。

2.大数据支持的企业决策管理系统

在大数据背景下，海量而复杂的数据对企业决策管理系统原有的技术体系结构提出了挑战，同时也要求具备更强的数据分析处理能力及数据驱动业务的能力。为了更好地利用大数据技术并将之运用到企业决策管理中，需要构建新型的基于大数据支持的企业决策管理系统模型，对企业原有的业务流程进行优化重组，对各类数据等进行整合。构建基于大数据支持的企业决策管理系统，将之分为三个层面，即数据的获取层、数据的处理层及数据的应用层。数据获取层主要有四个来源，即访问数据、交易数据、网络数据和购买数据。数据的处理层又称为决策协调控制系统，分为五个子系统，分别是决策数据采集子系统、决策数据分析子系统、决策数据筛选子系统、决策数据服务子系统，以及协调控制子系统，其功能依次是数据采集、分析、筛选、服务和协调控制。数据的应用层是基于大数据的企业经营策略，具体包括生产策略、营销策略、财务策略、运营策略、客服策略、公关策略。

（六）大数据背景下企业决策管理的现实困境

1.环境更加复杂

大数据一方面为企业决策管理提供了更为广阔的空间，在企业决策过程中，提供更多的决策信息来源；另一方面，企业面临的决策环境变化速度越来越快，各种与企业相关的数据信息，特别是偶发事件导致数据的不断产生、传播与储存，从客观上要求企业通过云计算平台尽快实现数据的集中整合，构建高度集成的企业决策管理系统，充分挖掘、采集、分析、储存形成海量的企业数据资产。因此，在大数据环境背景下，错综复杂的环境因素影响到企业决策信息的采集与分析、决策方案的制定与选择，从而影响企业对大数据的统一管理，客观上增加决策者进行决策管理的难度。

2.与企业决策相关的信息价值甄别难度大

大数据时代，互联网上的数据呈现爆炸式增长的特征，人类每年产生的数据量已经从TB级别跃升为PB、EB乃至ZB级别。数据中所蕴含的信息量超越了一般企业管理者数据处理能力的范畴，不仅使处理信息的工作量加大，传统的数据管理和数据分析技术难以有效挖掘这些数据潜在的价值，导致判断该信息的价值困难程度加大，从而导致企业在进行决策管理时，如何判断、取舍和利用信息价值的难度增大。只有构建基于大数据技术新型的、功能强大的企业管理决策系统，才能为企业更好地采集、甄别、分类、筛选有价值的数据，从而有利于企业决策的制定更加科学化。

3.企业决策的程序滞后于市场变化

传统企业决策程序，一般都要通过长时间的搜集资料、调查研究、分析论证、方案选择与评估，由于决策程序的复杂很可能导致决策的滞后性，最终企业会错失发展的良机。大数据时代，企业需要制定科学的决策，决策程序要高度简化，市场的激烈竞争要求企业能先他人而动，迅速做出决策，抢占市场制高点，在市场中占有一席之地，即企业未来的竞争主要就是基于大数据的竞争。通过应用大数据中的数据挖掘与分类整合功能，找出对企业决策有价值的数据参考，并迅速进行判断。

4.企业决策的主体更加多元化

进入信息化工业时代，由于企业决策要求的技术化和知识化不断加强，以及数据的不断增多，不少专家、学者，甚至是技术人员也加入这个决策群中。随着企业决策主体的增加，决策智库成员的多样化与知识的多面化，在一定程度上，可以使企业决策中集体主观判断的失误率下降。为提高决策管理的科学化程度，企业级决策管理系统应尽快构建，以更广泛地应用大数据中的数据采集、分析、筛选技术，形成科学的决策数据指标，更好地为管理决策服务。

5.传统的企业决策方法有待创新

大数据时代，企业决策的制定必须以决策数据为依据，大数据研究不同于传统的逻辑推理研究，其要对数量巨大的数据做统计性的搜索、比较、聚类、分类等分析归纳，关注数据的相关性或关联性，通过构建大数据支持的企业决策管理系统，在数量众多的数据中找出某种规律性与隐藏的相互关系网，一般用支持度、可信度、兴趣度等参数反映相关性。只要从数据挖掘中发现某种方法与增加企业利润有较强的相关性，就可能为企业决策管理提供战略支持。数据的相关性及其对于企业决策的重要性，就从客观上要求企业管理者应顺应形势及时改进决策管理的方法。

（七）大数据时代应如何通过财务战略优化资源配置

1.利用大数据优化财务分析

要想更好地提升企业的财务管理能力，企业就必须进一步明确财务分析和大数据的关系，统筹兼顾，实现资源的优化配置。众所周知，财务数据是企业最基本的数据之一，其积累量较大，其分析结果直接影响着企业财务管理的最终质量。因此，企业在进行决策分析时，必须坚持客观公正原则，以财务数据为基础，制定明确的分析指标和依据，以保证企业财务管理的平稳推进和运行。在进行财务分析时，财务管理人员应先查找和翻阅当期的管理费用明细，并将其与前一阶段的数据进行对比，找出二者之间的主要差异，从而找出管理费用的变化规律，最终得出变化原因。在进行原因分析时，财务管理人员可以建立一个多维度的核算项目模型，并在模型中做好变化标记。在整个分析过程中，财务人员往往要花费大量时间用于管理费用的核算与验证，同时查找相关资料。在财务软件中，上述系列动作要切换不同的界面。而如果利用大数据技术，只要通过鼠标的拖曳，就可以在短短几秒钟内分析出所有管理费用明细发生在每个部门的情况。对于企业的决策者而言，通过对财务信息的加工、搜集和深度分析，可以获得有价值的信息，促使决策更加科学、合理。

2.利用大数据加强财务信息化建设

大数据可能对会计信息结构产生如下两个方面的影响。

（1）会计信息中非结构性数据所占的比例会不断提高。大数据技术能够实现结构性和非结构性会计信息的融合，提供发现海量数据间相关关系的机会，并以定量的方式来描述、分析、评判企业的经营态势。因此，我们越来越有必要收集非结构化数据，并加以解读和理解。

（2）在特定条件下，对会计信息的精准性要求会降低。大数据时代，会计信息的使用者有时可以接受非百分之百精确的数据或者非系统性错误数据，这可能会对会计信息的质量标准提出新的观察维度：会计人员需要在数据的容量与精确性之间权衡得失，是强调绝对的精准性，还是强调相关性。

为此，在财务信息化的建设上，第一，在企业内部逐步建立完善的财务管理信息化制度。制度保障是企业信息化的第一步，因为信息化并不是一蹴而就的，只有从制度层面做出规定，才能保障信息化切实有效的推进。构建网络化平台，实现企业的实际情况和网络资源的有机结合，达到解决企业信息失真和不集成的目的。构建动态财务查询系统，实现财务数据在不同部门之间的迅速传递、处理、更新和反馈。第二，加强监管力度。发挥互联网的优势，利用信息化的手段实时监控各部门的资金的使用情况，将资金运行的风险降到最低，使资金的使用效率最大化，同时要注意保障财务数据安全。

3.构建科学的财务决策体系

为建立科学的大数据财务管理决策体系，第一，要强化企业决策层对大数据的认识。因为在传统决策中依靠经验获得成功的案例比比皆是，再加上大数据需要投入大量的人力、物力，短期内很难给企业带来明显的效益提升，所以很多决策者认为企业财务决策与大数据关系不大。这种认识是片面的，企业只有正视这种变化，才能够从数据中获得自己想要的信息，认识到自己面临的风险，从而制定出合理的决策。第二，要结合企业的实际情况，建立有效的基于大数据的财务决策流程。要改变过去"拍脑袋"做决策的模式，通过积极地收集企业相关数据，建立大数据平台，利用先进的技术从数以千万计甚至亿计的数据中收集、处理、提取信息，挖掘问题背后的相关性，探索企业隐藏的风险和商机，找出问题的解决方案，实现由数据引领决策的目的。

三、企业决策的基础有何变化

大数据成为许多公司竞争力的来源，从而使整个行业结构都改变了。大公司和小公司最有可能成为赢家，而大多数中等规模的公司则无法在行业调整中受益。掌握着大量数据的大公司通过分析收集到的数据，成功实现了商业模式的转型。苹果公司进军移动手机行业是个很好的例子，它在与运营商签订的合约中规定运营商要给它提供大部分有用数据。通过来自多个运营商提供的大量数据，苹果公司得到的用户体验的数据比任何一个运营商都多。苹果公司的规模收益体现在了数据上，而不是固有资产上。大数据也为小公司带来了机遇，其能享受到非固定资产规模带来的好处。重要的是，因为最好的大数据服务都是以创新思维为基础的，所以它们不一定需要大量的原始资本投入。

（一）大数据提高了决策的针对性

大数据时代，企业管理者应建立现代化的信息交流沟通平台，与员工进行有针对性、有效的良好沟通，甚至进行决策。企业在重大的策略调整和重要事件发生时，可以通过信息交流沟通平台，优化决策信息沟通的渠道和路径，使决策的程序简化、速度加快，同时鼓励决策参与者快速参与沟通、提出合理化建议并参与决策方案的制定，从而缩短上传下达的沟通时间。企业应尽量减少信息链的长度，强化对信息链的优化整合力度，以达到企业运作流程的优化，减少内部沟通的偏离程度，从而减小管理决策制定的复杂程度。通过使用虚拟的网络平台来完善和提升企业决策管理，使之规范运作、管理科学、高效发展，更具有综合竞争能力。

（二）增强预测的信息基础

随着大数据时代的到来，企业的市场分析、运营策略、目标客户等一系列具体而重要的参数都受到大数据信息的影响，企业的运作模式也会发生巨大转变。大数据时代的到来既是机遇也是挑战，它推动着各行各业不断调整思路，改变运作机制，重视群体因素、个体影响。人们应该重视和关注大数据应用带来的影响，应用技术进步带来的新机遇，克服困难，运用好大数据，把握好企业改革和再发展的新时机。

通过大数据的预测可以让企业从众多杂乱的信息中非常轻松简单地挑选出有效可靠的信息，摆脱过去烦琐的搜索监测与分辨信息的业务，把大量的信息变为了引导行动的洞察力，节省了大量的时间，从而更加高效、准确地做出合适的决策。

通过大数据智能预测系统，企业可以在非线性化数据中开掘出意外的数据方式与联系，创建指导业务一线交叉的形式。同时，大数据智能预测还能有效避免优质客户的流失，给目前的顾客提供更多的服务购买选项，研发出更加优秀的新型产品，提升企业的运转效率，及时发现且防范存在的欺诈与风险。大数据智能预测可以完成高级分析、信息开采、文本开掘、社交媒体分析与核对分析（如集群分析、关联分析、回归分析等）、信息的搜集与在线查实探讨、信息建模与预测建模。大数据智能预测给每一项技能水准的客户提供自主定义的业务，包含了高级管理层看得见的菜单页面、对于更加有资质的分析员的命令预防页面与高级功能。大数据智能管理企业的所有财产与债款，给运转体系与决策人员带来更加可靠的依据。

（三）大数据促进了动态化决策

大数据如巨浪般冲击着我们的生产与生活，一切传统企业模式将会被推翻，企业通过先进的数据挖掘技术，完成数据增值，从而创造更有价值的商机。当今社会每天每时都会产生巨量的数据，这些数据也悄然记录着世界变化的轨迹，信息时代的竞争已经不再是劳动生产率的竞争，而是基于知识的数据竞争。大数据环境的动态性对企业提出了更高的要求，每个环节的改变都引导着企业的变革，企业必须通过最有效的方式实现数据最大化的价值增值。同时，基于数据的客观性及信息量大的特点，对企业在数据保密及备份、保障客户信息安全等方面提出了更高的要求。

（四）构建新的竞争优势

在大数据的环境下，企业需要应对数据的更新与变化，以不断调整企业内部的管理决策内容，提升企业的综合竞争力水平。传统企业的决策过程往往是被动的，即通过简单的个人经验以及被个人想法所左右，知识决策内容经过长期实践之后出现偏差。因此，现代企业发展模式需要向着预判式的发展道路前进，对市场的发展状况进行预判，充分掌握未来市场发展规律、客户需求以及竞争对手的各项信息，在大数据的竞争中获取竞争优势地位。企业在大数据时代下，应用大数据进行预判制定管理决策内容至关重要。对企业的自身发展而言，大数据不仅仅是一项技术手段，更是一项全新的发展模式。大数据的出现，使得企业管理决策内容知识获取方式、决策参与者以及组织内容发生了巨大变化，为企业管理决策的发展提供了新的发展途径。同时，有效地运用大数据内容，能够在激烈的市场竞争中保证企业自身战略优势地位，提升企业综合竞争力。

（五）决策中应规避使用大数据的几个误区

1.中小数据没有挖掘的价值

大数据规模的标准是持续变化的，当前泛指单一数据集的大小在几十TB和数PB之间，显然若按照上述标准，日常的数据集绝大多数都不可能入围大数据，但其规模则占了全球数据集数据总量的90%以上。企业应更多地引导人们对数据资源获得与利用的重视，事实上，对未到TB级规模的数据挖掘也有价值，目前报道的一些大数据挖掘应用的例子，不少也只是TB级的规模。

2.要有解决非结构数据挖掘的技术才能开展大数据分析

除了消费者流量外，还有企事业单位的流量，其规模与消费者流量相当，2016年全部互联网流量中55%将为视频。视频是非结构性数据，视频数据集的规模都很大，日积月累自然就成为大数据，有理由相信大数据中90%都是非结构数据。对非结构数据的分析需要有先进的语义技术和基于元数据的标签算法等，尽管语音的机器翻译有了进展，但视频图像的智能识别仍然不成熟。目前国内外有很多大数据应用成功的例子，但基本上还是针对结构性数据，所以不必等待非结构数据挖掘技术的成熟，对结构性数据的挖掘是大数据应用的切入点。

3.数据样本的规模比普遍性更重要

这里涉及对被观察对象取样数据的密集度和时间或空间跨度问题，例如，将一个人每分钟的活动数据记录下来，对了解该人的身体状况是有用的，但如果将他每秒的活动数据都记录下来，数据量将较前者高60倍，但与按分钟记录的数据相比，其价值并不能增加。在相同规模下，例如收集约86400次数据样值，以秒为间隔的话，大概就一天，以分钟间隔的话就是两个月。从保健的角度，后者的数据更有价值。统计一个人每分钟的身体状况数据与统计60个人每小时的身体状况数据相比，可能后者在统计上更有意义。数据挖掘需要有足够规模的数据，但前提是这些数据要有一定的时间或空间跨度，即具有普遍性。数据样本密度与被观察事件或对象有关，例如风力发电机装有多种传感器，每隔几毫秒测一次，用于检测叶片、变速箱、变频器等的磨损程度。

4.所有数据都同等重要

可以用多种类型的传感器检测环境污染，虽然各类传感器都是有用的，但不是同等重要的，需要依据检测不同的指标来对不同类型的传感器结果加权处理。例如，根据蓝藻暴发强度与水质相关程度，在分析蓝藻可能出现时，溶解氧、水温和电导率的数据加权值取得高一些，对氨氮、硝酸盐和pH酸碱度的数据加权值则可以取得低一些。此外，每一类数据的重要性会随关注点不同而变，一个人的身体状况可以用多种指标来衡量，显然所关心的疾病不同，与不同指标对应的数据其重要性也不同。同一类型的传感器在不同位置和不同时间收集到的数据，其重要性也不同。以城市交通监控摄像头为例，在路口的摄像头，其作用就比非路口的重要，在没有车辆和行人的深夜，记录的摄像数据没有保留价值，无须存储，但需要加上时间标签注明舍弃了哪一时段的图像帧，有些情况下需要对每一帧感兴趣的区域增加分辨率，而其他区域降低分辨率。另外，同一类型的数据其价值也因收藏时间的长短而异，一般而言，时间间隔越久，其价值越小，因此存储的数据需要压缩以节省成本。

5.数据都是可信的

传感器收集的数据并非都是可信的，特别是该传感器上的历史数据与同类的其他传感器报出的数据差异很大时，该数据就应弃用。过去往往认为"有图有真相"，事实上图片可以移花接木、张冠李戴、时空错乱，或者照片是对的，可是文字解释是捏造的，这样的事情已屡见不鲜。一些网站规定所有帖子不论是否真实一律对转发次数设置一个上限，从舆情收集效果看，人为的截尾导致失去真实性。基于微博的判断也不能代表所有年龄段的人群，如利用微博也能分析流感的发生，但微博的使用者大部分是年轻人，而季节性流感的袭击对象多为抵抗力较弱的老年人和儿童，因此基于微博的判断代表性不足。

为了避免数据不可信，需要收集多源异构的数据，例如通过城市交通监控系统可以实时掌握交通流量，但如果加上政府数据和网民数据，就可能知道发生交通拥堵的原因。利用与历史数据的对比也容易发现数据的异常，通过用数学模型来检验，也有助于推断数据的可信性。

6.大数据挖掘侵犯隐私

大数据确实存在安全与隐私保护的隐患，重要的数据存储和应用不能过分依赖大数据分析技术与平台，需要重视信息泄密的风险。大数据的挖掘与利用需要有法可依，既要鼓励面向群体而且服务于社会的数据挖掘，又要防止针对个体侵犯隐私的行为，既要提倡数据共享又要防止数据被滥用。美国政府公开数据是以城市的邮政编码街区为单元，给出统计的数据而屏蔽了具体住户的隐私。

7.大数据挖掘全靠技术

大数据挖掘涉及数据获取、存储、计算、传送、分配、挖掘、呈现和安全等环节，每一个环节都需要技术支持，大数据技术已经成为国家间的竞争热点，也成为一门新兴的学科。但大数据又不仅是技术问题，前述大数据的挖掘需要法律支撑，大数据分析需要创新人才，大数据挖掘呼唤体制改革。如果一些部门和机构拥有大量数据，但以邻为壑，宁愿自己不用也不愿与有关部门共享，导致信息不完整或重复投资，要打破数据割据的局面，政府信息公开将起到很好的带头作用。

四、大数据时代对财务战略决策的重要意义

（一）提高了企业财务管理的效率

大数据技术下，企业不仅可以通过内部财务、业务活动获取财务信息，还可以通过客户、供应商等渠道数据分析获取所需信息，可以有能力充分地挖掘财务管理信息。另外，大数据具有实时、海量处理数据集合技术，可以实现财务智能化管理，使企业建立财务信息化共享平台，并通过"财务云"储存大量有用数据，提高了企业财务信息处理的效率。此外，有些知名企业正在着手打造集合资产管理、财务管理、信息共享三位一体的"财务云端"平台，从预算、执行、财务分析、风险控制等方面提供数据信息。

（二）提高了企业财务管理的效果

传统的财务管理由于受技术所限，往往出现财务数据不准确、分类不标准的问题。大数据实现了规范化和标准化整合数据，使财务数据更加精密和准确。大数据提高了财务管理效率主要指可以更快地收集数据，而财务管理的效果则指对所收集数据的分析能达到企业所追求的目标。传统财务管理分析多通过计算器、Excel表格公式计算出一些财务比率指标进行，不懂得通过大数据、云计算进行云图建模、数据流的图谱分析，不知道通过网络模型实现外部

动态财务变量的可量化计算。大数据分析减少了财务人员财务管理过程中的主观错误，使财务数据分析和处理更加客观可信，更加便捷可操作。

（三）改变了财务人员的角色

教科书上把会计的职能定位于核算和监督职能，更多地把财务人员看作信息的提供者和业务活动的监督者，而大数据背景下财务管理人员的角色应转变为企业的决策者和管理者，这也符合国家发展管理会计人员的趋势。当前企业财务管理人员面对的数据面越来越宽、数据链条越来越长，这些数据既包括生产数据，又含有技术数据、销售等数据，但是财务人员一方面受自身专长限制，另一方面受部门分工限制，很难全面对这些数据进行整合分析。

大数据管理扩大了财务人员的视野，使财务人员从传统的会计信息核实和监督的角色中解放出来，摆脱了过去大量重复和基础工作，更多地参与到信息管理和业务决策中来，财务人员正在从专业型人才转型到复合型人才。

第五节　大数据时代对企业家定位的影响

传统的企业管理模式已经不能适应当今的大数据环境，面对大数据分析应用的突破性发展以及数据信息的海量爆炸，企业家必须改变自身的管理模式。当代企业决策者要想获得商业成功，要筑百年基业，就要具备大数据时代的战略思维。许多成功企业的经验证明，正是企业领导层具有大数据时代的战略思维，引领企业开创了新的商业模式、新的价值创造方式，更好地为顾客、为社会创造了价值，才最终成就了企业的迅速发展。因此，升级传统战略思维，构建大数据战略思维，开展体现大数据时代思维特征的战略管理，是企业可持续发展的重要条件。大数据对企业家的管理决策带来的影响体现在以下几个方面。

一、如何面对决策环境变化

（一）产业边界变得越来越不清晰

从本质上讲，对大数据的处理是为了获取知识，进而为管理决策提供可行性方案，而管理科学和数据挖掘方法是知识获取的重要手段。大数据环境下以数据体系的发展为基础，通过数据分析帮助企业进行决策，在决策过程中，不仅需要数据的客观性，也需要人的主观决策，单纯的主观决策无法应对复杂的市场环境，同样，单纯的数据决策也会造成偏离实际。

大数据背景下，企业生态系统和外部环境之间的边界日趋模糊，成为企业生态系统中各成员合作竞争与协同演化的主要方式之一。企业生态系统，从外界获取有价值的数据和知识，是企业提高核心竞争力的重要途径，具体体现在如下方面。

一方面，产业融合愈发明显，以前认为不相关的行业通过大数据技术有了内在的关联，行业之间潜在的价值关联有了新的表现形式。如传统的零售企业开始进军电子商务、物业管理公司，通过对社区视频数据分析能够开展个性化的广告业务、从事电子商务的阿里巴巴已涉及金融、物流、云计算等行业。因此，大数据的挖掘和应用促进了行业间的融合，也创新了企业的盈利模式。融合型的商业模式在大数据时代有五个准则，即以顾客为中心、去除竖井（部门壁垒）、像新公司一样发展、跨学科的思维方式和将品牌看成一种服务。

另一方面，大数据时代企业生态系统变得更加开放，竞争异常激烈，广泛而清晰地对大数据进行挖掘和细分，找到企业在垂直领域的业务和应用，已经成为企业脱颖而出形成竞争优势的重要方式。如社交网络的发展，诞生了一批专注开发导购应用程序的企业，通过收集客户社交数据挖掘其内在的商品偏好和需求，为相关的电子商务企业提供商品导购服务。大数据也不再被企业生态系统中的大企业所独占，中小企业也可以从大数据中挖掘有价值的信息，成为细分市场的核心资源，为自身的业务提供支持。

因此，在大数据时代，企业生态系统面临的产业环境精彩纷呈，这种产业环境的变化改变了企业对外部资源需求的内容和方式，创新了企业创造价值、传递价值的方式和路径，模糊化了企业生态系统的资源边界、市场边界和契约边界。企业生态系统必将形成以大数据为核心资源的业务融合与市场细分协同演化，重构其内部价值网络和外部关系网络。

就财务战略和管理而言，财务决策信息去边界化日趋明显，财务管理的制度设计已经把财务管理、成本控制、预算体系、业务经营、项目管理等融为一体，并且在大数据的环境下将所有管理内容数据化、模块化。从财务决策与分析的信息类别来看，除了财务会计信息外，更多的是依赖行业发展信息、资本市场与货币市场信息、客户与供应商的信息、企业内部的战略规划、业务经营、成本质量技术研发、人力资本和业务单位的各种信息。在大数据、互联网时代，企业获得决策信息的成本更低、速度更快、针对性更强，企业内部尤其是大型集团企业内部的各级子公司和分公司、各个部门和业务单元因长期独立运作而形成的信息孤岛被打破，实现了财务与业务信息的一体化、企业财务与业务一体化。因此，打破传统财务信息边界是传统财务管理变革的必然方向。

（二）企业所面临的环境越来越复杂化

大数据对企业管理决策环境的影响主要体现在获取信息、制定决策方案等方面。企业在生产经营和发展过程中，需要并产生大量信息，为了将这些数据信息提供给企业作为其决策的参考依据，需要以信息技术等为基础，对这些信息进行分析、研究，从而提高决策的科学性、合理性。传统商业就犹如坐在自己车里，通过后视镜看后面发生的情况；而大数据分析则像是向前看的望远镜，用户通过望远镜能够看到未来可能会发生的情况，这意味着通过分析结构能够提供给企业更加全面和准确的信息。

大数据打破了企业传统数据的边界，改变了过去商业智能仅仅依靠企业内部业务数据的局面，其背后蕴含的商业价值不可低估，DC就在其大数据相关报告中着重阐述了大数据的商业价值：行业领导企业与其他企业有着本质的区别，行业领导企业会积极将新的数据类型引入到数据分析之中，为商业决策做出更加准确的判断，那些没有引入新的分析技术和新的数据类型的企业在未来是不可能成为行业领导者的。这本质上是要求企业能够从思维的角度彻底颠覆过去的观点，大数据在未来企业中的角色绝对不是一个支撑者，而是在企业的商业决策中扮演着重要的作用。

二、如何面对新型决策数据

（一）实时数据

如微博、短信等大量的动态数据流，是一种十分重要的竞争情报源。数据流挖掘是对数据进行单遍现行扫描，快速处理数据，提供实时近似结果的技术。如窗口技术采用分而治之的策略，将流数据按照特定的需求分配到不同的窗口，进入窗口内的数据才会被处理，以减少分析处理的数据量；数据结构技术将数据流进行概括统计的数据结构代表原始数据，而不是保留数据流中的全部数据，从而减少处理的数据量。对如此巨大的数据流，企图存储或者扫描所有的数据都是不实际的，只有采用动态的数据流挖掘分析技术才能有效解决数据的冲击，获得实时近似的结果。数据流挖掘技术能为竞争情报提供实时查询服务和处理，从而促使企业的"触角"保持足够的敏捷性。

（二）动态数据

时间序列分析是指从大量不同时间重复测得的数据中发现前后数据相似或者有规律的模式、趋势和突变的方法，主要的技术是相似模式发现，包括相似模式聚类和相似模式搜索时间序列，采用的主要挖掘方法有小波变换法和经验模态分解法等。在大数据时代，各种数据源源不断产生，如交易数据、网站访问日志等，从中必然会呈现出时间上的规律性，企业希望从积累的大量的历史数据中分析出一些模式，以便从中发现商业机会，通过趋势分析，甚至预先发现一些正在新涌现出来的机会。如企业可以通过数据时间序列分析，了解产品销售的旺季和淡季，以制定针对性的营销策略，减少生产和销售的波动性，从而获得利润和竞争优势。

（三）关联数据

关联数据发现技术是分析数据之间的联系，将孤立、离散的数据点结合产生数据链或者数据图，随后从多个数据源中查出匹配给定关联模式的实例，最后再对匹配的实例评估。目前已应用的主要方法有图论的稀有度监测法、图摘法和基于谓词的逻辑归纳推理法等。关联发现技术特别适合于从动态的数据中发现未知，而大数据中隐含了大量未知、潜在的关系，这种新模式的发现有利于企业采取"蓝海"战略，抢占先机，从而获得竞争优势。

（四）社会网络数据

社会网络分析也叫链接挖掘，是通过网络中的关系分析探讨网络的结构及属性特征，其挖掘的重要任务是基于链接的节点排序、基于链接节点的分类、节点聚类、链接预测、子图发现等。在大数据时代，大量相关的数据聚合在一起，相互支撑解释和印证，形成了复杂的数据网络，而数据之间的关系具有非常重要的价值，如从人际关系的网络节点的中心度来分析竞争对手，从而制定相关的竞争策略等。

三、大数据时代要求的决策能力

（一）获取数据的能力

大数据时代的企业战略将从"业务驱动"转向"数据驱动"。智能化决策是企业未来发展的方向。过去很多企业对自身经营发展的分析只停留在数据和信息的简单汇总层面，缺乏对客户、业务、营销、竞争等方面的深入分析。在大数据时代，如果企业希望通过大数据获取大收益，那么其不仅需要专业的IT技术支持，也需要管理创新。在大数据时代背景下，不仅仅是知识、技术逐渐成为企业竞争的核心，数据管理也成为企业日常管理工作的重要组成部分；企业不仅要具备获取、分析数据的能力，更需要具备处理数据的能力。大数据的迅速增加给存储空间、存储技术、能源消耗等带来挑战，企业应及时搜集所有的信息，同时又要保证信息存储的充分性、全面性、准确性。这就导致信息存储的规模巨大，而现有的数据库由于其自身存储空间有限无法满足高级别的数据分析。

（二）掌握数据的能力

据有关统计显示，企业数据智能化程度提高10%，其产品和服务质量就能提高15%左右。企业应当深度分析挖掘大数据的价值，推动企业智能决策。以前企业主要关注数据的存储和传输，利用的数据不足其获得数据的5%，且作为企业战略资源的数据还远远未被挖掘。因此，为推动企业决策机制从业务驱动向数据驱动转变，提高企业竞争力，企业必须更加注重数据的收集、整理、提取与分析。

在大数据时代，传统数据处理方法难以满足企业发展需求，大数据能够为企业提供更为方便、快捷的处理方法，但从这些海量的信息中筛选有价值的信息的过程是十分复杂的。同时，存储、计算、分析PB级以上规模的数据是需要非常高的成本的。大数据虽然看起来利用价值很高，但是价值密度却远远低于传统数据库中已经有的那些数据，加之现有的数据分析技术有限，难以有效搜取并获得优质的信息。

（三）数据分析支撑体系的能力

在大数据时代，企业的数据量不仅巨大，而且数据结构种类繁多，不仅仅有结构化的数据，更多的则是非结构化的数据，其中的非结构化数据所占比重大且持续增加，而且数据之间的关系较为复杂。如何从这些数据中识别和检测错误、缺失的信息，传统的技术和方法已无法快速地完成对所有信息的检测，需要企业配备高端的数据存储设备的同时，开发、设计或引进先进的大数据分析技术和方法，以实现数据的整合、分析等操作，充分挖掘大数据潜在的价值。

四、决策参与者的变化

（一）决策方式的转变

决策参与者在大数据时代仍然是最重要的主体。大数据改变了长期以来依靠经验、理论和思想的管理决策方式，直觉判断让位于精准的数据分析，同时决策参与者的角色发生了改变。大数据可以保证从问题出发而不用担心数据缺失或者数据获取困难，决策重心回到问题本身，而领导者的任务是发现和提出正确的问题。大数据动摇了传统战略论的决策基础，决策主体正从商业精英转向社会公众。因此，多元决策在大数据环境下更加突出，决策者来源更广泛、关系更复杂，全员参与成为大数据时代企业决策的重要特点。

传统决策主要是依靠企业管理者丰富的经验与管理理念做出的决策，有一定风险，一旦外界因素发生变化，极易造成决策失败，给企业带来经济损失。在大数据时代，企业制定决策的方式和方法发生了极大地改变，企业通过对数据信息进行准确的判断，做出科学决策。大数据的应用需要企业管理层的重视和支持，只有这样才能进一步推动大数据的发展。同时，在企业管理层的带动下，加强大数据的质量意识，建立完善的数据质量保证制度。然而，我国大数据的发展还处于初级阶段，不少企业尚未意识到大数据的应用会给企业带来巨大的价值，也并未将大数据的认识提升到企业发展战略的高度，从而导致大数据的价值无法发挥，不利于企业未来的发展。

（二）决策主体的改变

传统管理决策主要是由企业高层、商界精英等决定，具有权威性和代表性，而在大数据时代，不仅依靠管理经验，更重视市场形势，也就是信息数据。例如，企业在发布一款新产品之前，需要先进行市场调研，获取相关数据，通过对这些数据的分析和研究，为营销决策提供更好的支持。在这一环境下，管理者的经验仅能起到辅助作用。随着大数据时代的进一步发展，社会公众将成为企业决策的重要主体。企业在复杂的数据网络分布环境中，记录或搜集顾客在社会化、移动化的媒体与渠道的流量数据，分析、挖掘顾客从最初的产品感知、品牌参与、产品购买、购买后的口碑和社会互动等生命周期的行为数据，进行交叉融合，从而精准定位消费者的个体行为与偏好，为商业生态系统个性化的商业推广和营销提供牢固的信息支撑和坚强的数据后盾。

（三）决策岗位的创新

面对大数据带来的不确定性和不可预测性，企业决策和运营模式正在发生颠覆性变革，传统的自上而下、依赖少数精英经验和判断的战略决策日渐式微，一个自下而上、依托数据洞察的社会化决策模式日渐兴起。基于大数据的决策已经超出了运营管理的范畴，其核心是发掘信息化"最后一公里"的商业价值，推进企业与社会的对话，实现物质资本、人力资本和社会资本协同运营。一个新的职位首席数据官（Chief Data Officer，CDO）已横空出世。IBM将这一职位称为"数据顾问"，主要职责是帮助企业洞察数据背后的意义，并以此指导决策、削减成本和提高销售额。

"数据顾问"即提供包括网络流量和社交网络评论等结构化、非结构化数据的分析服务，也提供监控出货量、供应商和客户的软件与传感器等产品。EMC将这一职位称为"数据科学家"，并倡导企业建立包括数据科学家、数据工程师、数据分析师、商业情报分析师以及事业部用户在内的数据科学家团队。归根到底，CDO视大数据为资产并负责其运营，辅助于社会化决策。

五、决策组织方面的变化

随着信息技术、网络技术的发展，以"金字塔"型为代表的传统组织结构被企业管理网络化、权力分散化和体现人本管理的扁平化组织结构所替代。大数据时代，普通员工也拥有了决策权，扁平化组织结构的趋势将更为明显，决策权分配应顺应这种变化。分析大数据环境对企业管理决策组织结构的新要求，基于数据的有效利用和知识的创造、吸收，研究大数据下组织结构建设措施，是企业组织创新的重要内容。

大数据可以帮助管理人员做出更精细、更明智的管理决策。他们在管理过程中，必须抛弃原有的组织结构，打破组织自身的惰性，激发员工不断积极进取，通过变革创新提高组织的竞争能力，从而实现组织目标。只有充分认识到大数据对管理人员提出的挑战，选择适合组织发展的领导风格，才能应对大数据管理面临的风险，进而抓住时代蕴含的机遇，使组织顺利转型并快速成长。

在不断变化的企业内外部环境中，分权状态下的决策尤为重要，分散式的授权决策成为大数据背景下决策的重要形式。如果从决策分配的角度出发，企业的决策没有产生效果应归因于没有适当地进行授权式决策，没有分权给恰当的参与者。

传统的金字塔型的企业结构逐渐被管理网络化、分散化、扁平化的组织结构所代替，这就使企业的一线员工能够积极地参与到企业的决策中，使最后的决策也呈现出扁平化的趋势。对员工的个性化关怀，不仅体现在与员工的交流沟通，还包括对员工个人隐私数据的适当使用和保护。对于数据专业人才一类的知识型员工，外在激励与内在激励同等重要，工作中具有挑战性的难题能激发他们的斗志，调动他们的工作积极性，激励他们主动寻求解决问题的方法。而变革型领导的智力激发特征，就是鼓励数据专家及其他员工，在工作中用独特和创新的观点，解决大数据研究如数据的收集、存储、检索、融合、分析、保护等方面的问题，以及组织在运作与管理等方面出现的难题。在员工工作需要的时候，变革型领导能提供必要和及时的帮助，使员工通过勤奋工作成为有效的问题解决者，在分析问题和解决问题时变得更富有创新精神。

六、决策技术方面的变化

数据的处理及分析是企业决策的核心部分，传统的数据分析及处理技术因受限于处理平台与处理技术，不能综合完整、客观全面地对数据进行发掘和利用，使得有利用价值的数据被筛选出去，企业无法做出有效的决策。随着数据分析理论和数据处理平台的不断发展，企业梦寐以求的低成本、可操作、可存储修改的分析工具已出现在企业制定策略的过程中。其中，云计算是处理平台的核心部分，为企业进行数据分析、企业决策提供了强大的支持。

云计算主要解决两个大数据问题：一是将大量异构和本质不同数据源结构化；二是对这些数据进行管理、处理和转换为"商业智能"。大数据背景下企业面临的问题日益复杂，决策的制定者及参与者需要以大数据平台作为载体对决策进行支持，从而构成了以数据云计算为核心的决策支持系统。企业的决策者和员工都可以成为决策的参与者，呈链式分布于企业网络的专家系统、管理信息系统都是决策技术系统的组成部分。因此，企业应基于大数据及时变革决策支持系统，构建符合大数据背景下全员参与决策的方法，以及包容性较强的组织决策体系和系统工作的流程，共享和促进群体决策过程的交互平台，建立适当的沟通机制，及时处理和解决组织由于决策而带来的冲突和信息传递的滞后。构建大数据下的数据资源池、知识资源池、模型资源池、方法资源池；构建基于服务、集成智能分析、快速决策分析和具备自主决策功能的大数据决策支持系统接口；针对不同决策层次的决策服务推送机制，这些都是建立大数据下决策支持系统的要求。

七、企业价值标准的变化

（一）计量属性和货币计量的多元化

财务会计信息的计量属性以历史成本为基本框架，但是，随着财务报告目标向投资者决策有用性的转化，历史成本以外的计量属性被有限地引入财务会计信息生产过程中，其中，公允价值的大量使用已经成为国际会计的一种潮流趋势。公允价值的最大优势在于投资者决策的相关性，其劣势在于公允价值确定的不可靠性和确定标准的非唯一性，而后者又使前者大打折扣，从而限制了公允价值的适用范围，影响了投资者的决策效果。大数据时代数据的信息源、传播渠道和相关者愈发多元化，数据开放程度不断提高，一方面提高了公允价值确定的透明度，另一方面增加了公允价值的相互印证性，从而整体上提高了公允价值的可信性与可靠性。大数据的使用对会计的基本假设之一货币计量，也会产生一定的影响。货币计量的核心思想之一是会计信息系统所反映的事项，主要是能够用货币计量的企业已经发生的经济事项。也就是说会计信息系统的信息计量单位是"元"。在大数据时代，信息系统里的计量单位可能会多元化，不再是"元"一统天下，如时间、数量等计量单位会增加。

（二）对企业公允价值确定的影响

大数据时代，财务数据作为企业财务决策的核心数据与企业经营管理活动中非财务数据的深度融合，并通过大数据技术和方法在企业各种财务决策主体中的应用将会为企业带来强大的核心竞争力。在企业的经营管理过程中，公允价值的确定和成本控制往往是企业进行会计核算的基础，也是企业财务决策的关键影响因素，它将直接影响企业财务决策的科学性和合理性。在企业的财务管理活动中，企业的预算管理、投资决策、收入决策、成本费用决策等不可避免地会涉及公允价值的确定。具体来说，交易性金融资产、可供出售金融资产的计量方面也需要客观、准确的公允价值作为保障。公允价值的来源主要有两种，即市价和未来现金流量贴现。其中，未来现金流量贴现更为准确和严谨，具有普遍的适用范围，但是在实际确定时要求有详细的现金流量预测、终值的预计和合理的风险调整后的折现率，而这些数据的确定很大程度上依靠财务人员的主观判断，即使是微小的变化也会在很大程度上影响公允价值的确定，因此，公允价值的确定一直是企业财务决策需要重点关注的影响因素。

基于云会计平台，企业可以从与企业日常经营活动相关的机构和部门获取与公允价值相关的各种数据，然后借助大数据处理技术，确定公允价值。大数据、云会计时代的到来，为公允价值的确定带来了新的技术和方法，帮助企业更加方便和快捷地获取市场信息、了解市场动态，更加准确地确定公允价值。

（三）对企业成本核算的影响

大数据、云会计时代的来临，使得企业能够方便、快捷地获取、筛选与成本相关的各种数据，避免了烦琐的人工筛选数据工作，从而保证了成本核算的及时性。通过对所有的成本等财务指标和非财务指标的数据分析，所有得到的信息均被使用，变成数字化的数据，数据之间交叉相连，被使用者重复利用、分析，信息的使用频率大幅提高，由此得出的结论与决策也有着高度的相关性，甚至直接影响决策的制定。

大数据和云会计技术还有可能应用于企业成本控制系统，通过建立各种数据模型和各种数据之间的关联关系，引入客观分析方法来确定生产费用的构成，对产品的成本进行准确判断后，再将费用按一定的标准分配计入不同种类产品的成本，从而实现企业精准、有效的成本控制。此外，运用大数据技术，还可以从与企业财务有关的海量数据中，提取出与成本核算有关的各种数据信息，这样既能保证成本核算的有效性，又能在很大程度上保证成本核算过程中会计信息的准确性。

大数据时代涉及不同领域之间的数据信息共享与合作的大数据分析，使得企业成本减少，这就必然驱使企业间强化共享力度，形成信息开放的格局，信息成本进一步降低，更多不同领域企业间的信息交叉产生的决策价值随之增多，发现成本节约点的可能性更大。未来利用节约成本形成的价值链增值的空间会随着企业间信息资源的共享愈来愈宽。大数据可以让利益相关方更加容易、及时地获取信息，从而可以创造巨大价值。在制造业中，整合来自研发、工程和制造部门的数据，以便实现并行工程，从而缩短产品上市时间并提高质量。大数据有助于研发和设计新模式（众包模式与客户参与设计）；采集、分析供应链数据，缓和供需矛盾、控制预算开支、提升服务质量。

大数据和云计算融合后，云服务为中小企业的会计信息化提供了便利的捷径。使用云会计之后，企业用户可以按使用资源多少或时间长短来解决付费问题，企业不必为机房、数据中心、服务器、网络、软件等基础设施投入巨大的费用，只需缴纳相对低廉的月租费。

投资方式的改变，使企业不用考虑设施成本折旧问题，企业不占用过多的营运费用，也能及时获得最新的硬件平台、稳健的软件系统、最佳的财务管理方案，这大大减少了中小企业的会计信息化直接投资成本。同时，云会计服务实施后，企业从会计信息化建设繁重的工作中脱离出来，可以更加专注于对自身发展有重大作用的战略性活动，这也大大减少了会计信息化投资的时间成本。

在大数据背景下，提供云会计服务的会计信息化系统是通过互联网来实现与客户的互通，用户只要连接网络，就能定制和获取所需要的服务，无论是从企业的内部还是从企业的外部来看都大大提高了财务管理的效率。从企业内部看，云会计强大的计算能力，可以实时形成各种指标和报表，管理者能够迅速了解经营状况，识别经营风险。企业内部的云会计以内部会计流程为中心，通过信息流协同企业各部门有序合作，进而形成高效率的企业信息一体化流程。尤其对于拥有跨地区或跨国业务的企业来说，位于不同地区的会计人员可以同时在线操作，进行协同工作，这大大提高了中小企业会计信息化的应用效率。从企业外部看，云会计通过互联网实时处理企业与外部有关部门之间的财务和会计业务，加快了交易速度，提高了工作效率。

八、使用大数据评估企业品牌价值的案例

品牌价值是指品牌在某一个时点用类似有形资产评估方法计算出来的金额，但不能直接体现在企业的财务报表上，它可以告诉人们该品牌市场价值是多少以及在市场上所处的地位，反映了该企业为股东和投资方创造的品牌价值的大小，品牌价值提升表明该品牌在市场上获取了更多的认同，并能为股东和投资方持续创造更多的利润。但是评估企业品牌价值是个复杂的过程，目前主要的品牌价值评估方法有成本计量法、市价计量法、收益计量法、十要素综合评估法。

不论使用哪一种评估方法，都要涉及巨大的数据收集、整理、计算与分析，这要耗费企业大量的人力、物力和时间。如果在这一评估过程中使用大数据技术，就可在极短的时间内收集到有关品牌价值评估指标需要的海量数据，通过大数据的流计算和分析系统对品牌价值做出精准评估，实时向企业决策者动态报告该品牌价值的变动情况，为企业品牌投资、融资、市场开拓、形象扩张做出合理的决策。

（一）大数据评估企业品牌价值的机理

企业每天都在面对来自客户、互联网、物联网、平板电脑、手机、PC、传感器、智能芯片的大量商品品牌信息，如世界第一零售店沃尔玛每小时要处理超过100万笔客户交易，其数据库存储了大约2.5PB的数据，相当于美国国会图书馆全部书籍中所含信息的167倍。如此海量数据而且价值密度又低，要寻找

到有价值的数据如同大海捞针，这就要通过大数据技术去提炼数据价值、发掘有价值的数据，为企业品牌价值评估与提升提供决策支持。在大数据平台上把有关品牌价值评估的各项复杂、无序的数据指标，变成简单、有序的信息，基于在线评论和其他网络数据，构建商品品牌价值评价机制，将逻辑性、文字性的信息转化为可视化、图形化的信息，进而引导或影响消费者品牌倾向，对品牌价值评估做出合理的判断与回应。

（二）大数据品牌分析系统的运行过程

第一步数据收集，在端前通过目标客户、电子商务、社交网络、传感器等方式，去探测客户、收集和提取有关企业品牌的海量数据。

第二步运用Hadoop技术分析PB级的结构化信息和非结构化数据的处理、挖掘及历史存储，如分析企业财务报表。

第三步流计算，分析流数据和激增的大型数据，动态收集多个数据流，使用先进的算法来提供近乎瞬时的分析，获得实时洞察。流计算对需要立即做出决定的复杂动态情况，进行动态捕捉信息，实时分析，为静态数据的处理提供有效补充。

以移动公司的客户洞察为例，多种类型的数据（如消费、通话、位置、浏览、使用等数据），借助各种算法，通过分析形成了360度的客户视图，利用各种联系记录形成社交网络，发现客户的各种圈子，通过分析影响力，寻找关键人员，用来发现关键客户的情况。

第四步品牌数据仓库，储存大量来自Hadoop和流计算的有关品牌数据，帮助企业保持在原有的系统的基础上，以最小成本、最大能力提高信息安全和质量。

第五步生成品牌价值分析报告，对品牌信息开展整合与治理，提供完整的品牌价值分析报告。

（三）大数据在企业品牌价值评估中的实践

运用大数据技术分析评估企业品牌价值是以企业的年度平均销售额为基础，减去各项投入成本、应交的税费、资本收益等非品牌因素，得出企业因品牌而获得的实际收益，即品牌收益，用公式来表示：品牌价值=品牌收益×品牌强度乘数。每个品牌的品牌收益是一个静态的财务数据，来源于企业的财务报表；而品牌强度乘数是一个动态数据，它来源于品牌综合能力的指标评价体系，该体系分为四个维度共13项指标。这13项指标基本覆盖了与品牌价值相关的各种动态要素。

第一个维度是品牌连续性，包括品牌名称、品牌个性、品牌寿命。这一维度用于测量品牌形象力和优秀的历史传承带来的品牌文化价值增长。

第二个维度是品牌认知度，由知名度、联想度、美誉度三项指标构成。这一维度用于测量沟通与传播，能够促进品牌获利的品牌价值。

第三个维度是品牌体验度，由关联度、差异度、感知度、更新速度构成。这一维度用于测量因差异化带来顾客偏好，最终产生利润增长的品牌价值。

第四个维度是品牌忠诚度，由满意度、依赖度、传承度构成。这一维度用于测量品牌在获取和保留顾客方面的功能，从而增加业务量的持续上升的品牌价值。

虽然以上四个维度（13项指标）作为重要的评估因子引入到目前常用的品牌价值评估方法中，但其数据收集、整理与分析是一项复杂而艰巨的工作，需要耗费企业大量的时间、人力和资金。如果应用大数据系统来做这项工作，除了速度变快以外，数据分析的准确度也会大大提高。

假设V代表该品牌价值，大数据利用端前互动系统，通过互联网、客户、销售网络、社交网络、手机、传感器、电子商务收集以上13项指标数据。基于Hadoop系统对品牌近三年的财务报表分析计算该品牌的品牌收益P，基于流计算对13项指标数据进行分析，得出该品牌强度乘数y；因为$V=P \times y$，由此可以得出，当P不变时，y数值越大，品牌价值就越高。可见，运用大数据可以对企业品牌价值进行快速精准的评估，将市场、品牌、竞争者和财务数据整合成统一的、以价值为基础的分析报告，诊断品牌运行中出现的问题和需要改进的地方，衡量品牌投资带来的财务影响，帮助品牌管理者确定品牌提升的优先级。这有利于金融市场对企业的价值实施正确的评价，以此激励投资者信心；有利于提升企业的担保信誉度，从而获取银行大笔贷款；有利于品牌价值资产化，降低企业负债比例；有利于企业决策者对品牌投资做出决策并合理分配资源，减少投资的浪费。企业拥有较高的品牌价值，向外展示了企业正在健康、可持续发展，向内形成了优秀的企业文化，激励员工不断开拓创新。

第三章　新经济形势下商业智能对会计工作的影响及对策

第一节　商业智能对会计基本认识的影响

一、大数据商业智能时代对会计世界认知方式的影响

人类活动纷繁复杂、多种多样，但人类活动过程、活动结果以及活动中存在的各种关系都会留下痕迹，这些痕迹可以通过新技术的应用以数据的形式进行记录，在记录的过程中就产生了相应的结构化或非结构化数据。业界通常用4个V（即Volume、Variety、Value、Velocity）来概括大数据区别于传统数据的显著特征，这4个显著特征向人们传递了多样、关联、动态、开放、平等的新思维，这种新思维正在渗透到我们的生产、生活、教育、思维等诸多领域，逐渐改变人类认识、理解世界的思维方式。一些大数据学者把大数据提高到世界本质的高度，认为世界万物皆可被数据化，一切关系皆可用数据来表征，如：黄欣荣（2014）认为随着大数据时代的来临，数据从作为事物及其关系的表征走向了主体地位，即数据被赋予了世界本体的意义，成为一个独立的客观数据世界；田涛（2012）认为未来生产力的三大要素是人力、资本和数据，大数据已经成为与自然资源、人力资源同等重要的战略资源。在大数据时代，该种新思维认为全体优于部分，杂多优于单一，相关优于因果，从而使人类的思维方式由还原性思维走向了整体性思维。

此外，通过对经济活动的数据化，并对该数据进行分析，能够实现对某一事物定性分析与定量分析的统一，能够促使那些曾经难于数据化的人文社会科学领域开展定量研究。从目前的研究来说，无论是规范研究还是实证研究，基本上都是通过寻找事物之间的因果关系来解释或揭示某一规律或现象，会计更是如此。会计更是通过强调经济活动之间以及会计数据之间的因果关系来保证经济业务以及会计数据的客观性、真实性与可靠性。由于信息传递的弱化规律的客观存在，通常来说，人们无法对于超过一定层级关系的因果关系链条以及本就不明显的因果关系做出准确判断与分析，如：

报表数据与原始凭证之间由于经过了几次的数据加工，报表数据只能反映出企业最终的整体情况，却很难推导或还原出当时的原始凭证的实际情况；

同时，因果关系只能做单向的逻辑推导，即"因—果"，而不能"果—因"，因为"因—果"是确定的，唯一的，而"果—因"则是不确定的，有多种可能性。在会计大数据的时代，人们可以利用数据量的优势，通过数据挖掘从海量会计数据的随机变化中寻找蕴藏在变量之间的相关性，从而在看似没有因果关系或者因果关系很弱的两个事物之间找到他们既定的数据规律，并通过其中的数据规律以及数据之间的相关关系来解释过去、预测未来，并可以做到因果的双向分析，从而补充了传统会计中的单一因果分析方法的不足。由此可见，大数据将会改变人们对客观世界，乃至会计世界的认知方式。

二、大数据商业智能时代对会计数据的影响

会计是以货币为主要计量单位，以凭证为主要依据，借助于专门的技术方法，对一定单位的资金运动进行全面、综合、连续、系统的核算与监督，向有关方面提供会计信息、参与经营管理、旨在提高经济效益的一种经济管理活动。简单来讲，会计是通过对数据，尤其是会计数据的确认、计量、报告与分析，帮助企业的管理者来管理企业，并向外部利益相关者提供会计信息的一种管理活动。

目前的会计数据包括各种各样的数据，可以归纳为三类：①用来进行定量描述的数据，如日期、时间、数量、重量、金额等；②用来进行定性描述的数据，如质量、颜色、好坏、型号、技术等；③不能单独用来表示一定意义的不完整的、非结构化、碎片化的数据。目前对会计数据的处理还仅仅局限在第一种定量描述的数据的处理，尤其是那些能够以货币来进行计量的经济活动所表现的会计数据，因为这种数据既能比较方便地进行价值的转换与判断，又能很直观地还原出企业的生产经营过程，从而使利益相关者可以通过会计数据信息了解企业生产经营过程以及生产经营结果。定性描述的数据与定量描述的数据相比，存在一个很大的缺陷，那就是定性数据只能大概推断出企业生产经营过程，而不能还原出企业的生产经营活动过程，比如，这个产品质量好，只能推断出企业经营过程良好，至于在哪个生产步骤良好，这个企业的良好和别的企业的良好一样还是不一样，我们就难以知晓。所以，定量数据的过程和结果能够互为因果推断，而定性数据只能达到经营过程是因，经营结果是果的推断，对于第三种不完整、非结构化、碎片化的会计数据在因果关系的推断来看，存在更为严重的问题，因为不完整、非结构化以及碎片化的特征，该类数据会导致因果关系推断的障碍，该类数据无法推断出经营结果，经营结果也无法还原经营过程。从目前会计数据的使用情况来看，定量描述的数据经常使用，定性

描述的数据较少使用，非结构化、碎片化数据基本没有使用；从企业的整个会计数据的作用来看，定量描述的数据作用固然重要，尤其是金额数据，但是定性描述数据以及非结构化、碎片的数据也很重要，会对会计信息使用者产生重要的影响，甚至也会影响到会计信息使用者的决策，比如，好的商品质量能扩大企业的知名度，会给企业带来巨大的商誉，进而给企业带来超额利润。由于定性描述数据以及非结构化、碎片化数据的内在缺陷，这些数据的作用目前还无法发挥出来，也阻碍了会计理论与会计实务的发展。

随着互联网、物联网、传感技术等新技术的应用，不仅实现了人、机、物的互联互通，而且还建立了人、机、物三者之间智能化、自动化的"交互与协同"关系，这些关系产生了海量的人、机、物三者的独立数据与相互关联数据。目前那些难以用货币化来计量的经济活动，其实都可以通过以上新技术来进行记录，记录过程中相应的会产生大量的数据，这些数据不仅有数字等结构化数据，还有规模巨大的如声音、图像等非结构化、碎片数据。随着大数据时代的到来，定性描述数据以及非结构化、碎片化的数据，尤其是非结构化、碎片化数据的增长速度将远远超过定量描述数据的增长速度，非结构化、碎片化数据以及定性描述数据将会成为会计数据的主导。虽然定性描述数据以及非结构化、碎片数据存在内在的缺陷，但是在大数据时代，却可以使用大数据挖掘技术发挥出该类型数据的会计作用。虽然这些数据不能完整、全面、清晰地推导与反映出企业的经营结果和经营过程，但是大量的这些数据放在一起，却能够利用它们之间存在的相关关系推导与反映出企业的经营过程与经营结果，比如，你把一个生产步骤细分为成千上万个步骤或者更大程度地细分步骤，一个细分步骤不能表示什么含义，但是把这大量的细分步骤组合到一起同样能够构成一个完整的步骤，那么就能达到定量描述会计数据的相应功能。在传统的会计理论中，使用的会计数据基本上都是属于定量描述数据，主要的原因有两个：一是定性描述的数据不能准确地以货币来计量；二是数据量小的时候，利用数据的相关性关系远不能达到因果关系推导出来的结果那样准确、那样令人信服，原因在于数据量小的时候，利用相关关系推导出来的结果随机性较大。传统会计选择那些定量描述性的数据作为会计数据，实际上是时代的局限性决定的。随着互联网、云技术、大数据挖掘等新技术的使用，非结构化、碎片化数据急剧增加，非结构化、碎片化数据真正成了大数据，这些数据已成为企业的重要资源，将会影响到企业的可持续发展。从统计学角度来看，非结构化、碎片化的会计数据摆脱了小数据的必须使用因果关系分析的内在局限性，利用相关关系的数据分析可以达到因果关系的数据分析的同样效果，从而为非结构化、碎片化数据应用于会计提供了可行的理论基础与技术支持。因此，在大数据时代，这些定性描述的数据以及非结构化、碎片化的数据丰富了会计数据的种类，扩大了会计数据的来源渠道。在大数据时代，会计数据将由三部分构成：第一部分是定量描述性数据；第二部分是定性描述性数据；第三层为非结构化、碎片化会计数据。目前的会计数据实际上是直线型的数据，大数据商业智能时代的会计数据将变得更加立体化，有可能出现三维或者多维形式的会计数据。

三、大数据商业智能时代对会计数据分析方法的影响

在大数据时代来临之前，描述性数据与非结构化、碎片数据很少被纳入会计数据范畴，会计实务也很少使用这类数据，这类型的数据那时还不能称为会计数据。大数据时代，可以利用数据量的优势，通过数据之间相关关系的分析达到因果关系分析的同等效果、同等的可靠性与客观性。因此，在大数据时代，数据量的优势以及数据挖掘分析方法在会计领域的使用将促使描述性数据与非结构化、碎片化数据转变成为会计数据，丰富了会计数据的内容与来源，提高了描述性会计数据与非结构化、碎片化会计数据在会计理论与实务中的应用价值，从可靠性与相关性两个方面同时提高会计信息的质量。其实，在大数据时代，描述性数据与非结构化、碎片化数据能够成为会计数据的一个必要条件，就是能够通过这些数据与企业价值（或企业未来现金流）之间相关性的分析较为准确地找到它们之间的数量关系。大数据挖掘技术融合了现代统计学、知识信息系统、决策理论和数据库管理等多学科知识，可以完成从海量数据中发现特定的趋势和关系。大数据挖掘技术在会计理论和实务中的应用，能有效地从大量的、不完全的、模糊的、碎片化的、非结构化的实际应用数据中，找到隐含在该类数据与企业价值之间的相关的数量关系。随着互联网、物联网、传感技术、云计算等新技术的发展，客户关系方面的网络数据、生产过程中的生产作业记录数据、采购过程动态监控记录等方面的数据每天都呈海量增加，非结构化、碎片化数据的趋势越来越明显。传统的数据分析技术在面对大数据时已经显得力不从心，很难解决大数据的存储、分割、高效计算的问题，大数据借助了云平台技术。同时，随着大数据概念的提出以及大数据商业价值的开发，大数据挖掘技术得到了长足发展，大数据应用软件与操作系统相继出现，如DB2数据库软件、Hadoop系统、InfoSphere Streams流数据、Netezza等，这些大数据应用软件和操作系统解决了描述性数据以及非结构化、碎片化数据与企

业价值之间数量关系寻找的技术问题，同时会计大数据也将促进数据挖掘技术的发展与应用。

四、大数据商业智能时代对会计信息质量的影响

对于大数据对会计信息质量的影响的研究非常稀少，目前只有袁振兴等（2014）在《大数据对会计的挑战及其应对》一文中提出"大数据会降低会计信息的准确性质量要求"的观点，那么果真如此吗？下面我们来进行仔细分析。

根据国际标准化组织1994年颁布的ISO8402-94《质量管理和质量保证——术语》中有关质量的定义，会计信息质量是会计信息满足明确和隐含需要能力的特征总和。会计信息质量要求是对企业财务报告中所提供会计信息质量的基本要求，它主要包括可靠性、相关性、可理解性、可比性、实质重于形式、重要性、谨慎性和及时性等。根据前面大数据时代会计数据的来源构成分析可知，大数据时代会计信息包括定量描述会计数据、定性描述会计数据以及非结构化、碎片化会计数据，这三类会计数据在数量以及作用上是不一样的。从会计数据总量来看，随着大数据的兴起，非结构化、碎片化数据数量将会大大增加，非结构化、碎片化数据将会占主导地位；从数据的价值密度来看，很明显定量描述会计数据要比非结构化、碎片化数据的价值密度要高得多，由此将会出现一个问题：会计数据的使用将会选择以哪一类会计数据为主？从会计的作用以及会计存在的必要性来看，会计之所以存在完全是因为会计能够通过自己的一整套体系为信息使用者提供有益的信息，从而帮助其做出正确的决策。虚假的会计信息不仅无助于会计信息使用者做出正确的决策，而且还会诱导会计信息使用者做出错误的决策，因此，要帮助会计信息使用者做出正确的决策，会计数据的真实可靠就是一个必要的条件。从目前会计理论以及会计实务来看，会计要求以取得的真实发生的经济业务对应的单据作为记账依据，报表的数据才能真实客观地反映出企业的生产经营过程以及企业的财务状况、盈利状况以及现金流量状况等。因此，从会计生存与发展的角度来看，不管是传统的小数据时代还是大数据时代，提供真实可靠的会计信息，帮助信息使用者做出正确的决策的本质是不会改变的，否则会计将失去存在的必要了。从数据取得的难易程度来看，定量描述的会计数据要比非结构化、碎片化数据容易得多；从数据取得的成本来看，定量描述的会计数据要比非结构化、碎片化数据成本低很多；从数据的有效性来看，大数据中的无效数据会更多，可能对正确结果的干扰会更大；从数据分析的难易程度来看，因果关系的分析要比相关性分析

更直接，更让人容易掌握和理解。因此，大数据时代的会计数据肯定是以定量描述性数据为主，定性描述会计数据与非结构化、碎片化会计数据为辅，从而也决定了以后的会计数据的计量手段同样还应是以货币计量为主，其他计量为辅的做法。目前会计理论与实务的发展遇到了困境，如人力资源会计、行为会计、企业社会责任会计、环境资源会计等，其主要原因在于这些重要的会计领域难以定量描述，难以准确地反映在报表上，而大数据的产生以及大数据挖掘方法的应用将会促进这些领域的定量描述，把这些领域逐渐纳入会计核算体系，更真实、更全面地反映某一会计主体的生产经营过程以及经营结果，将从可靠性与相关性等几个方面提高会计信息的质量。

五、大数据商业智能时代对企业会计行为的影响

由以上分析可知，大数据时代的到来影响着会计数据的构成，传统数据中的那些定性描述数据和非结构化、碎片化将转变成会计数据。一方面，会计数据范围的扩大使企业更多的信息能够纳入会计核算体系，尤其是非结构化、碎片化会计数据蕴含的会计信息，从而能够让企业更准确地计量这些领域对企业的贡献，以采取更有效地应对措施，最终将促进与改善企业的生产经营行为。另一方面，随着社会形势的发展，一些原来被认为重要但难以用定量描述数据进行计量的会计信息，如企业家能力、智力资本等，不管是对目前的企业还是对利益相关者来说，这些会计信息越来越重要，纳入会计核算范围的要求也越来越强烈。2000年，里斯本欧盟高级会议期间，罗马诺·普罗迪（Romano Prodi）提出"我们在企业家活动领域中的缺位需要认真对待"，有大量证据表明经济增长和生产效率的改进的关键依赖于一个经济体中的企业家能力，由此可以看出企业家能力对企业的重大作用。大数据时代，将会有助于将企业家能力这类对企业很重要却又难以计量其价值的要素纳入企业的会计核算体系。同样以企业家能力来说，大数据帮助企业准确计量该要素对企业的价值，那么企业就可以根据企业家能力的价值来给予合适的报酬，这样既能减少优秀企业管理者的跳槽行为，还可以进一步促进企业家工作的积极性，为企业吸引更多的优秀企业家。优秀企业家可以更有效地降低库存，提高存货周转率；改变融资方式与融资策略，降低融资成本；改变经营策略，扩大市场占有率；改变投资组合，增加投资收益；改变利润分配方式，有效利用企业的自有资金；改变会计政策的选择，选择符合企业利益的会计政策与方法；分析大数据信息，发现潜在市场与商机等。因此，大数据将会改变企业的行为。

第二节　商业智能对财务会计的影响

一、大数据商业智能时代财务会计工作需要达到的标准

财务会计工作需要达到的标准是在已有的基础上进一步改革和创新，让更多的数据能够被财务会计工作者完整地处理，只有这样，才可以很好地保证整个企业的经济收益。在大数据时代来临的时候，各个企业都需要通过提升财务会计工作效率来保证企业的收益，也就是说，大数据时代就是要求财务会计工作能够与时俱进，而不是停滞不前、用最传统的方式进行财务会计工作，总而言之，需要进行的创新工作是比较彻底的。

（一）在财务会计工作中更多地积累各种应用数据材料

大数据时代的到来给财务会计工作带来了极大的便利，也带来了很大的发展空间，只有保证整个企业的财务会计工作能够利用先进的信息技术进行各种数据的分析和处理，才可以有效保证企业的整体收益，让更多的数据材料在大数据信息技术的使用下得到相应的处理。

这种便利正是由于大数据时代将数据信息化，确保财务会计工作的完成效率更高。提升企业的财务会计管理工作有助于提升企业的市场竞争力，所以，要确保财务会计工作中积累的大量数据材料能够利用大数据的特性进行高效作业。

（二）财务会计的工作对非结构化的数据进行价值提取

对于企业数据的处理，财务会计主要是对结构化数据进行系统化的处理，利用这种处理方式是目前比较流行的。然而，随着时代的进步，计算机技术可以有效提升结构数据的处理效率，可以很好地保证企业对整个财务会计的处理方式进行严格的管理。随着大数据时代的到来，使用计算机技术对非结构化数据进行管理和处理已经越来越熟练，还能够在规定的时间内有效完成相应数据的处理工作。

（三）会计使用者应进行不断的创新

由于大数据时代的要求就是不断地革新，所以为了保证财务会计的工作者能

够更加完善地完成数据的处理，就应该将财务会计的工作目标从原始的经济管理型转移到决策管理型，只有这样，才能在企业的许多方面占领优势，企业的财务会计管理工作才变得至关重要。随着市场竞争越来越激烈，想要将企业的利益最大化，就需要运用大数据时代所带来的新技术和新方式进行数据处理。目前，云计算方式不仅可以很好地保证信息容量的增大不会给财务会计工作增加困难，还能够符合使用者的多元化要求，可以说是大数据时代进步的一大优势。

二、大数据商业智能时代对财务会计的具体影响

（一）对会计信息来源的影响

如前所言，大数据所带来的，不仅有结构性数据，同时还伴有非结构性数据，且非结构性数据可能会更多。传统的会计信息，多来自结构性数据，且结构性数据更可被分析、利用，甚至是直接采纳。而大数据时代所带来的，更多的是非结构性数据，这也对会计信息来源产生了一定的影响。

一是非结构性数据越来越多，并广泛存在于会计信息中。非结构性数据与结构性数据的共同存在，这是大数据时代的标志之一，同时大数据技术也可实现将非结构性数据与结构性数据相结合，并加以分析，发现海量数据之间的相关关系，并通过定量的方式，来反映、分析、评判企业的经营发展。

二是强调海量数据之间的相关关系而非因果关系。在大数据背景下，所强调的是相关关系而并非传统意义上的因果关系。比如：相关关系是指会发生什么，而因果关系是指为什么会发生。大数据往往通过相关关系来指出数据之间的关系。

三是传统会计分析强调的是准确、精准，而大数据时代强调的则是数据使用效果。传统会计分析认为，会计信息的精准性无比重要，同时也不接受舞弊造假信息或是非系统性错误。但大数据时代则更多地关注会计信息分析带来的效果，而对精准性没有那么高的要求，或者说，绝对的精准并非大数据时代所关注的。

传统会计信息体系中，由于缺乏海量的数据支撑，因此任何一个所获取的数据信息，都对会计信息产生至关重要的影响，也就需要这些信息保证其真实性、可靠性，才不会导致会计信息的失真。所以，在小数据时代，人们会通过反复的检查与论证、各类测试性程序和分析复核程序，来减少、避免错误的发生，也会采用测试样本是否存在系统性偏差。尽管所获取的信息不多，但是论证这些信息所花费的时间成本、人工成本确实不容小觑。

在大数据时代，由于数据的繁多与复杂，因此人们不再过于担心某一数据出现的偏差会给会计信息质量带来致命的影响，也不需要通过耗费众多的成本来消除这些数据的不确定性。因此大数据时代所带来的效果，往往比传统会计信息的准确性更重要。

（二）大数据商业智能时代对会计资产计量的影响

由于大数据在会计行业中产生越来越多效应，并逐渐被广泛使用，因此就不得不考虑大数据对资产计量所带来的影响。

1.初始计量成本

在传统的财务会计中，初始计量成本有历史成本和公允价值计量。公允价值有着不可比拟的优越性，能客观反映企业经济实质，为信息使用者提供更加及时、高度相关的决策信息；能够使收入与成本、费用切合实际，实现有效配比；更加有利于企业资本保全，同时符合资产负债观。公允价值计量得到的金额可以克服物价上涨等不利因素对会计信息质量的影响。但是公允价值的取得不可避免地存在缺乏可靠性、可操作性等问题，公允价值所强调的"公平交易"在现实中难以保证，所以这一计量属性的使用效果大打折扣。

在大数据时代的背景下，数据的积累和发布日益增多，在大量的数据面前，公允价值变得越来越透明，从整体上提高了公允价值的可获得性、可靠性、科学性，从一定程度上克服了主观判断等不利因素的影响。虽然我国的资本市场还很不完善，操作利润的现象层出不穷，以公允价值作为资产的初始计量属性会付出更高的代价，但是在一些必须使用公允价值作为计量属性的经济业务中，例如金融资产、金融负债等的计量，要充分利用大数据时代所带来的极大便利，对资产的公允价值进行客观的、科学的测量，从而提高会计信息质量，同时有利于促进市场上建立起一个透明的、可靠的公平交易平台。

2.计量单位

传统会计中的计量单位，通常采用"元"。但是在大数据时代，将来有可能出现以非"元"为单位的计量单位，如时间、数量等。

（三）财务管理人员的管理职能发生了转变

小数据时代，传统财务管理人员的职能往往在于财务核算、财务管理，而当海量数据出现的时候，对数据分析能力的高要求，需要财务管理人员的职能越来越多地转向有价值的资源配置中去。

原有的职能，基本上把财务人员定位在收集单据、定制凭证、复核、结账、报告、归档等工作中；而大数据时代，财务人员所面对的，不仅仅是财务信息、财务单据，而更多的是海量的业务信息，如何收集信息、分析信息，并将有用的信息放置在合理的资源中，通过高效的财务管理流程，实现有价值的财务数据，将资源配置在增长的领域中，是财务人员转变职能的体现之一。

三、大数据商业智能时代财务会计的创新发展方向

（一）应时代要求创造有利条件作为会计工作的核心

财务会计工作并不是一成不变的，而是随着环境和周围各种因素的变化而不断发展的，所以，为了将财务会计工作与社会背景紧密联系，就应该让整个会计工作跟随时代前进的潮流，一同进步创新。

（二）在企业中树立人性化的工作观念

企业的发展离不开人的作用，尤其是用人的重要性，对于企业的发展是必须要考虑的。因此，要想保证大数据时代中财务会计工作能够更好地提升自身效率，就应该在整个企业中树立人性化的工作观念，要时刻保证在职的工作人员具备一定的专业素养，同时企业对其的待遇也一定与其工作表现相匹配，以完善各项工作。

第三节　商业智能对管理会计的影响

一、大数据商业智能时代管理会计作用日益凸显

管理会计作为财务会计的一个分支，其主要任务是通过向企业内部管理者提供及时有效的信息，辅助企业经营决策。具体来说，其职能包括：预测企业未来的经营、财务状况以及现金流量等；帮助企业进行长短期经营决策；通过规划和预算，加强事前、事中控制；通过责任考核与业绩评价，加强事后控制，提升企业绩效与核心竞争力。大数据时代的到来，给管理会计上述职能的发挥提供了新的契机。

（一）提高企业预测能力，抓住商战先机

随着大数据时代的来临，移动互联网已经成为互联网的发展重心。据统

计，截至2013年年底，中国手机网民规模达到5亿人，年增长率为19.1%。网民中使用手机上网的人群比例由2012年底的74.5%提升至81.0%，远高于其他设备上网的网民，手机已经不再是传统意义上的用于打电话、发短信的通信工具，其在网络信息传递方面的作用更加强大。开通官方微博也逐渐成为企业加强管理与沟通的流行趋势。通过微博，企业可以随时发布产品、服务等信息，消费者也可以通过微博、朋友圈等随时随地分享自己对某种产品或服务的评价与态度。这些都使得信息的传递更加及时、快捷。

企业应充分利用这些通信工具，实时获得各种新的信息，进而利用管理会计预测的专门技术与方法，及时了解竞争对手的最新动向，了解和测度市场的变动及其趋势，进而快速地对竞争对手的举措做出反应，赢得市场先机。比如，有段时间韩剧《来自星星的你》风靡亚洲，剧中的男女主角"都教授"和"千颂伊"也受到韩剧迷们的狂热追捧和模仿。三星公司抓住良机，迅速邀请剧中炙手可热的男女一号为其新产品Galaxy S5拍摄一系列广告，在男女一号强大的明星效应和追星效应下，该款手机的知名度和销售量迅速攀升，一举帮助该款产品成为竞争激烈的手机市场中当之无愧的新王者。

（二）提高企业决策能力，提升企业核心竞争力

一直以来，除直销企业外，企业与客户之间很少有直接联系，这也使得企业难以取得有关客户需求的第一手资料，也难以针对客户的潜在需求及其变动，及时做出有针对性的企业决策。大数据时代，尤其是物联网的出现，令这种局面大为改观。

企业不仅能够更加精准、详细地获取顾客在各类网络活动中的数据，而且能够从以往被忽略的数据中挖掘出新的有价值的信息：比如，消费者对某款产品或商品进行了网上搜索，但最终可能并没有实际购买，以往此类数据可能会因为未形成实际购买力而被忽略，更不会被收集或分析。然而，大数据时代的企业却会对此类信息高度重视，他们往往会聘用专门的人员或机构，对顾客的网上搜索行为进行分析，如被搜索商品的类型、搜索条件、搜索次数、搜索时间等，并依据这些信息推测消费者的消费偏好、消费动向和潜在消费点，进而通过特殊的网络设置，在消费者再次访问该网站时自动向其推荐消费者可能感兴趣的本单位产品的信息。不仅如此，管理会计人员还可以依据这些信息，对其进行量化分析和理性逻辑思考，帮助企业明确本单位产品或商品的需求动向与未来发展，从而指引企业及时调整生产经营策略，提升企业核心竞争力。

（三）加强规划与控制，提高运营管理效率

管理会计可以通过对市场的周密调查，帮助企业确定出最优的生产规模及销售规模，进而制订严密的生产销售与管理计划，从而帮助企业避免发生不必要的投入和生产成本。大数据时代，随着信息量的急剧增加与信息准确程度的提高，管理会计人员可以在更大范围内对相关产品、服务、成本、销售等有关数据进行分析与挖掘，进而制订严密的物资采购、产品生产、销售、运输、日常管理等规划与预算，从而为企业的运营与管理提供强大的支撑。

例如，通过应用变动成本法与作业成本法，分析出各个不同时间、地点、方式的物流成本，选出安全、快捷、经济的物流方式；通过加强供应链管理，分析供应商所提供物资、设备的价格与质量，选择性价比最高的采购对象；通过事前估算各种营销方式的成本，结合其影响力，选出最有效率的营销方式；通过搜集客户的信用与往来信息、加强客户管理，提高应收账款的周转率等。实践中，江苏移动通过建立企业数据中心、面向分类市场的数据应用体系以及闭环迭代式数据应用流程等，实现了公司内部运营和网络、成本的精细化管理，节约了成本支出，提升了运营管理效率。

（四）推动企业全面、科学、合理的考核部门与员工绩效

绩效评估一直以来都是管理会计工作的一大难题，其难点之一在于实际评价时难以搜集到所有与绩效有关的信息，不管用什么样的评价方法都不能完全客观、准确地评价绩效的高低。如果员工绩效不能得到公正评价，会挫伤员工的积极性，降低其满意度，严重时还会导致人才流失。

随着大数据时代的来临，评价所需三类数据（交易数据、交互数据和感知数据）的收集变得可能且快捷。其中，交易数据来源于企业的ERP（企业资源计划）、CRM（客户关系管理）和Wb交易系统，交互数据来源于社交媒体（微博、推特等），感知数据来源于物联网。通过收集和分析上述数据，企业不仅能够了解本企业各部门、员工的工作与学习绩效，而且能够了解竞争对手乃至整个行业的发展绩效，并能够准确掌握各类绩效评价方法的适用性，进而更加科学、合理地考核企业绩效，避免信息不足所带来的以偏概全或考核与奖惩结果不合理等问题对企业造成困扰。总之，大量实例表明，大数据的使用已经成为企业提升自身业绩、超越同行的一种重要方式。零售业寡头沃尔玛正是通过在其网站上自行设计并应用了最新的搜索引擎Polaris，使其在线购物的完成率提升了10%到15%，并由此增加了数十亿美元的交易。可以预计，在不久

的将来，善于利用和挖掘大数据价值的企业将会成为行业的领先者，忽视或者反应迟钝的企业将会处于落后、被动的地位。

二、大数据商业智能时代管理会计面临的挑战

（一）部分企业对大数据在管理会计中的应用认识不足

要及时抓住大数据的机遇，有效应对挑战，首先，要求企业对大数据有正确的认识。有的中小企业认为大数据技术是苹果、谷歌、淘宝等大公司才需要掌握而且能够掌握的，对于中小企业，无论是设计或购买相关的存储设备，还是培养专门的分析人才，都需要投入大量的人力、物力、财力，不符合成本效益原则，因此，没有必要学习或应用大数据分析技术。其次，虽然现在大数据普遍存在，但并不是所有人都对它有清楚的认识。据调查，虽然约49%的企业非常关注大数据时代的发展与特征，但38%的被调查者对大数据的概念并不十分清楚，另有27%的人承认对大数据的理解还很片面，这势必会影响大数据在企业管理会计工作中的推广与应用。

（二）管理会计信息存储空间不足

大数据时代要求企业及时搜集所有的信息，强调信息存储的充分性、全面性、持续性，信息存储规模非常大。据统计，百度每天新增的数据就有10TB，系统每天处理的数据超过1PB，淘宝每天的数据也超过了50TB。同时，社会化信息，如物联网、移动网络以及社交网络等，在大数据时代下显得尤为重要，而此类数据分布更加广泛、数量更加庞大，同样需要巨大的存储空间。而现有的数据库几乎无法处理TB级别的数据，更不能满足高级别的数据分析需求。因此，能否对现有的数据存储系统及时升级，建立庞大的TB级的数据集，将决定企业是否能够及时搜集、分析海量的管理会计信息。

（三）管理会计信息安全无保障

企业搜集的海量信息中往往包含大量的个人或组织的隐私信息，如何保证这些信息的安全、不外泄尤为重要，否则将会对企业及其员工、客户造成巨大的困扰。例如，手机等现代化通信工具中装有各种地图软件、微信、易信等，这些软件一般都会要求获取个人当前位置的权限，如果此类信息泄露，会对客户的安全造成威胁。同时，大数据对企业的信息保护，以及防止核心数据丢失、盗取等方面的要求更加严格，这些数据一旦泄露，通过当今飞速发展的信息传播途径与媒介，企业的商业机密会在短时间内迅速传播到商界的任何角

落，给公司带来不可弥补的损失。因此，如何通过正当、合法的手段保护企业核心信息的安全，是企业不可回避的又一难题。

（四）管理会计信息分析技术亟待完善

虽然大数据时代带来了更多的可用信息，但并不意味着这些信息能够被人们有效地分析和利用。根据对全球100个国家及地区从事30个行业的3000名高管进行的一项调查，有60%的受访者表示无法有效利用所有数据，究其原因，一方面是因为大数据时代数据量急剧增大，另一方面则是因为其中的非结构化数据所占比重大且持续增加，而非结构化数据并不适于用传统的方法进行分析。

具体来说，传统的结构化信息一般可以通过数据挖掘算法进行分析，半结构化或者非结构化的数据却不可以直接应用这一方法，而是需要先转化为结构化数据，再进行分析挖掘。但这一过程往往会削弱信息的时效性，降低数据分析的效率，不利于企业及时做出反应。不仅如此，把非结构化数据转化为结构化数据，常常会丢失非结构化数据隐含的关系，而这些关系又常常会包含十分重要的信息，从而无法确保数据分析结果的准确性。

（五）管理会计人才严重不足

常言道"巧妇难为无米之炊"，但即使有了米，也并不一定能做出可口的饭菜，还必须有巧妇进行加工。这个道理同样适用于大数据时代的管理会计工作。大数据时代，数据的来源多、信息量大、种类丰富，但这些信息并不会自动转化为对企业有用的相关信息，必须通过专业人才的深度挖掘与分析，才能提炼出有助于企业经营管理的有价值的信息。

目前，世界各国的大数据专业人才都面临巨大的缺口。一项预测显示，在未来六年内，仅美国一国就可能面临14万至19万拥有扎实分析技能的人才缺口，面临着懂得使用相应工具分析大数据、做出合理决策的管理和分析人员的人才缺口更是高达150万，人才的短缺势必会阻碍企业开发、利用管理会计信息工作的进程。因此，能否及时培养掌握此类分析知识与技术的管理会计人才，对企业的发展至关重要。

三、大数据商业智能时代对管理会计的具体影响

管理会计的职能一般可分为三个方面：一是对初始成本的确定及后续成本的计量；二是为现时及未来的决策、规划提供会计数据支撑；三是为控制、评

价管理提供准确的数据帮助。在大数据时代的冲击之下，管理会计的职能势必受到一些影响，也会产生一些变化。

（一）对初始成本的确定及后续成本的计量

在管理会计所提供的各类信息中，如何确定初始成本是核心。企业的经营活动，都离不开成本的确认。同时，成本确认，也贯穿于企业预测、编制计划和预算等各环节中。因此如何确定初始成本和计量后续成本，是大数据时代对管理会计的一大影响方面。

传统的成本确认和成本计量，其信息来自企业内部，但在大数据时代，就会使得这些信息发生了一些变化，同时这些内部信息对企业也是不够的。外部信息可以为企业提供更为完整的决策依据，外部信息从宏观上提供了行业背景资料、企业所处行业的位置、竞争对手的信息和竞争定价策略、行业供应链的结构和变化趋势等。

这些外部信息，就是企业内部各系统、各环节人员所不能提供也不能控制的，因此这些非结构化数据就需要大数据的挖掘和利用，将这些结构化数据与非结构化数据加以分析，确定其内部关联性和相关性。基于大数据挖掘的企业能够更为准确地确定初始成本和计量后续成本，也为企业的生产、经营、销售、管理等环节降低风险、提高管理水平和管理效率提供了有效的数据支撑。

（二）为决策和规划提供有力的会计数据支持

企业是自负盈亏的，因此在经营管理过程中，如何能够持续、稳定的增长是企业管理会计的主要职责。以现在企业的管理会计，重点是以顾客为中心，通过提供多类别、有针对性地服务，以提高企业核心竞争力为目的，通过成本费用、利润、资金运作等方面，制定多种的管理方案，而管理会计通过综合评价这些方案的优劣性，来择优选出适合企业发展需要的最佳方案。

诚然，不论是企业的短期经营目标还是长期经营目标，无论是短期战略还是中长期战略，如果没有海量的数据作为支持，就不可能得出全面、准确的决策。尤其是在越来越以数据为主的时代，对大数据的分析和挖掘，显得尤为重要。

企业经营决策的前提是要有准确的预测，而预测的前提则是有准确的分析。分析就来自数据的支撑。传统的分析，基本上都来自企业内部，而企业内部信息已经远远不能满足分析预测，因此使得预测能力大打折扣。

譬如，以推广流量为例。一般情况下，企业会基于历史流量推广情况和推广渠道，得出流量推广的预测。但是由于推广渠道、推广手段的局限性，使得企业没能把受众群体的年龄层分布、客户使用习惯、人文地理的背景资料等因素加以整理和分析，这就使推广预测的准确性大打折扣。但是在大数据时代，这些因素都是可以被整理、存储并加以分析、挖掘的。

（三）为控制和评价管理提供准确数据帮助

作为企业的经营管理人员，控制和评价其管理，是管理的基本职能，也是作为经济责任审计的一个基础。在企业内部，经营管理活动涉及不同部门、不同岗位，其职能也不尽相同。一般说来，经营管理人员首先要确定管理的基本原则，也就是哪些属于管理要求，哪些属于管理原则，而后才会对下属单位、下属部门或人员的工作进行指导、监督和管理。

同样的，作为管理会计而言，其控制和评价管理也是一样，也要先确定原则和标准。同时，原则和标准决定着从一开始实施管理到最终能否实现管理目标。而在大数据时代，由于数据的存储、分析和挖掘，使非结构化数据和结构化数据的内在关联可以显现，找出并利用这种内在关联性，对于确定控制和评价管理能够提供准确的数据帮助。

第四章 新经济形势下电子商务的财政运作

第一节 全新的商务模式

以互联网为核心技术的电子商务正在改变传统的商业模式。新的企业模式和财富创造方式正在形成，商业新纪元晨曦微露。

一、电子商务的内涵

广义地说，电子商务是指利用电子手段进行的商务活动。早在20世纪70年代，电子数据交换（EDI）系统已开始运用于商务活动，它是按统一的报文标准和最少的人工介入，将结构化的数据用诸如专用增值网（VAN）等电子通信手段从一个计算机用户传输到另一个计算机用户，电子数据交换是现代电子商务的雏形。

进入90年代以来，随着计算机网络、通信技术的迅速发展和日益融合，互联网的应用得到了空前的发展。基于互联网的电子数据交换开始出现，利用互联网进行商务活动已逐渐成为世界潮流。

现在人们所说的电子商务，一般是指基于互联网的商务活动。在电子商务中，与商务活动有关的各方，包括供应商、销售商、生产商、顾客，以及银行、税务、审计等社会部门，都要在网络中密切结合起来，在互联网环境下完成各自的商务活动。由于互联网是一个全球性的开放网络，因此，电子商务是不受时空限制的。任何人可以在任何时间、任何地点进行商务活动。

现代企业的电子商务主要以三种网络为基础：

（一）互联网

互联网是一个以TCP/IP协议为基础连接各个国家、部门、机构等计算机网络的数据通网络和集各种资源为一体的用户网络共享的数据资源网。企业可通过互联网进行市场信息检索、企业信息发布、网上采购、网上支付、网上技术服务等各类商务活动。

（二）企业内联网

企业内联网是指企业应用互联网的技术和标准，如TCP/IP通信协议、WWW技术规范等建立的企业内部信息管理和交换平台。内联网不仅具备信息发布、电子邮件、目录服务、与互联网连接等功能，还可实现企业内部管理信息系统的全部功能。今后企业的管理信息系统、会计信息系统不再是封闭、孤立的系统，他们都将有机地融合于企业内联网中，并面向互联网提供全方位服务。

（三）企业外联网

企业外联网是指用企业内联网的技术和标准，把外部特定的交易地点和合作企业连接起来的合作网络，它实际上是一个虚拟企业应用平台。由于合作伙伴之间传递的信息既非企业内部信息，又不能有外界介入，因此，外联网的网络环境需要通过建立安全隧道或虚拟专用网实现。在外联网内，企业之间可以开展财务信息共享、电子凭证交换、网上技术服务和支持、员工在线培训等电子商务活动。

需要说明的是，有关电子商务的术语在不同场合中出现过几种不同的提法。被广泛接受的有两个提法：一个是Electronic Business，最早由IBM公司创立和推广，其定义是买卖双方、厂商和合作伙伴在互联网、内联网、外联网环境下的商务活动。另一个提法是Electronic Commerce，在美国自克林顿政府于1997年11月1日发布《全球电子商务纲要》以来，几乎所有的国际组织（如WTO、APEC、OECO等）和各国政府的电子商务政策文件都使用这一术语。其实它们之间的内涵没有本质的区别，尽管现在仍有不少的论著试图解释它们之间的区别，但在实际使用中，两个术语已经混用。本书讨论的所有问题均是以所有基于计算机互联网络的商务活动为环境基础的。

二、电子商务的竞争优势

世界经济正朝着更加开放、竞争的方向发展，企业必须调整自己的产业结构、经营方式、管理模式，才能不断提高自身的竞争力。电子商务是对传统商业模式的重大变革，它能提供比传统商业更为广泛、全面的服务，包括网上宣传、网上交易、网上支付、网上技术支持、网上服务等，可适应于任何行业，从制造业到零售业、银行金融业、运输业、建筑业、出版娱乐业，以及海关、税务等政府部门。开展电子商务已成为企业建立未来发展战略优势的必由之路。电子商务为企业带来的竞争优势主要表现在以下几个方面：企业通过自己的网站进行产品宣传、产品展示，利用网络开展客户支持服务、产品售后服务等，可以大大降低企业产品的销售成本和维护成本。同样，对采购一方来说，通过网上采购可大大节省采购时间、减少劳动力。尤其值得一提的是电子商务为广大的中小企业提供了高效低成本的商业机会。在互联网之前，只有少数大公司通过自己建立的商业增值网进行相互间的电子数据交换，实现电子采购。现在所有中小企业甚至个人都可通过低廉的互联网络，足不出户地开展网上交易。

（一）减少库存水平

既要满足生产或销售的需要，又要尽可能少地减少库存资金占用，一直是企业经营管理的重要内容。企业传统的做法是根据对销售量的预测，确定一个合理的商品库存或根据企业的生产计划和原料供应情况，确定一个合理的材料库存进行控制管理。但由于缺少有效的信息手段在企业内各部门（如营销、生产、采购等）之间，以及企业与供应商、销售商之间进行协调，出现库存积压或库存短缺是不可避免的。在电子商务环境下，企业通过内联网，以及与合作伙伴之间的外联网，实现了信息流、物流、控制流的统一，零库存的梦想成为现实。

（二）减轻对基础设施的依赖

传统企业必须要有相应的实物基础设施支持，如店铺、仓库、银行营业网点等。在电子商务环境中，网上商店并没有店铺，但人们可以在任何地方上网，选购网站上提供的商品；网上银行也没有任何分支机构，但人们可以在任何地方通过网络办理金融业务。另外，网上营销对仓库的依赖也不直接。企业甚至可以不持有库存，直接通过生产商直销。尤其是对数字产品，如计算机软件、娱乐产品，报刊等，本身可以实现网上在线交付。从产品的研制、订货、付款、交付到技术培训等都可以在网上在线实现。

按照传统的生产程序，一个产品从概念、设计，到最后投入规模生产，要经过企业内外许多部门，由于信息交流和组织上的障碍，这个周期需要经历较长的时间。在电子商务环境下，计算机辅助设计（CAD）、计算机辅助制作、计算机辅助工程将和互联网、企业内联网、外联网结合，产品从概念、设计到生产，以及相应的设计师、工程师、供应商、制造商、销售商等都可通过企业内外网络协同工作，大大缩短了产品的生产周期。甚至可以做到根据个别顾客的特殊需要，自动设计、自动调整生产线进行专门生产。

（三）增加商业机会

互联网是全球开放系统，因此，电子商务不受时间和地点的限制。一方面，任何一家网上在线式商店都是全天24小时、一年365天经营的。如果把一年一度的商品交易会（如广交会）搬上网站，从某种意义上讲就成了永不闭幕的交易会。另一方面，在传统经济环境下，中小企业由于销售渠道和网点有限，在商业机会上是无法跟大企业竞争的。而在互联网上，企业不分大小，被访问的机会是相同的。因此，无论是从经营的时间上还是从经营的地域范围上看，电子商务给企业带来的商业机会是传统商业无法比拟的。

三、电子商务的运行模式

按交易对象分类，电子商务可分为企业对消费者、企业对企业、企业对行政机构、消费者对行政机构，以及综合的电子商社等几种运行模式。

（一）企业对消费者的电子商务

企业对消费者的电子商务指的是企业与消费者之间利用互联网进行的商务活动。消费者主要是通过互联网提供的搜索浏览功能和多媒体界面在网上查找适合自己的产品。从技术角度看，企业对消费者的电子商务并不要求双方使用统一标准的单据传输，在线零售和支付行为只涉及信用卡、电子货币等技术领域。因此，随着社会信息化程度的不断提高，个人上网人数的不断增多，企业对消费者的电子商务将会迅速得到发展。

企业对消费者的电子商务主要属于网上在线式销售。具体又可分为数字产品在线销售与实物产品在线销售两大业务模式。

1.数字产品电子商务模式

这里所说的数字产品，是指信息、计算机软件、视听娱乐产品等可数字化表示并可用计算机网络传输的产品或劳务。在数字经济时代这些产品（劳务）可不必再通过实物载体形式提供，而可在线通过计算机网络传送给消费者。目前在互联网上数字产品电子商务主要表现为以下三种业务模式：

一是网上订阅模式。企业通过向消费者提供报纸、杂志、影视、娱乐节目的网上订阅，或网上信息、浏览和下载服务，并收取一定费用的电子商务模式。如在线服务商向自己的特定客户群体提供在线信息服务，在线出版商通过网络向客户提供电子出版物，专业服务商通过网络向消费者提供旅游、住宿等专业服务，网上专业数据库通过网络向专业人员提供专业信息资料，在线娱乐商通过网络向消费者提供游戏娱乐节目等。由于社会信息化程度还需要进一步提高，网上支付尚待完善，尤其是许多网上信息消费者基本上可从其他途径免费取得。因此，目前除少数专业信息服务、定向技术支持的网站外，大多数网站收取的订阅费还远远赶不上广告收入。

二是广告支持模式。企业免费向消费者提供在线服务，而企业靠其他客户的网上广告收入支持经营活动的电子商务模式。越是知名的网站，被访问的人数就越多，广告业务来源就越丰富，收费也越高。

三是网上赠予模式。即企业通过全球网络的优势，向用户免费赠送一定信息产品，借此扩大知名度和市场份额，从而达到扩大销售的电子商务模式。电脑软件公司和报纸杂志出版商常采用此类模式。软件公司是采取赠予模式最典型的行业。当新产品推出时，先通过网络免费赠送，允许客户免费试用，一定期限后，客户或购买，或通过交注册费等形式取得软件的进一步使用权。也有一些大公司采用免费赠送形式来击垮竞争对手。最著名的例子是微软公司免费赠送IE浏览器等网络产品，并由此引发了美国反垄断法庭的致命指控。出版商也常采用免费赠予模式，即先赠送一定时期，再办理正式付费订阅。

2.实物产品电子商务模式

这是一种产品或劳务的成交在互联网上完成，产品的交付或劳务的提供通过传统商务方式完成的电子商务模式。如世界上最著名的电子商务网站公司亚马逊，其业务范围已从原来的出售图书扩展到音像制品、软件、各种日用消费品等多个领域，实际上是一个开放的网上百货商店。

与传统店铺销售模式比较，网上实物销售具有可将业务伸展到世界各地、可减少现场服务的雇员数量、可减少商品对基础设施（商场、柜台）的依赖等优势。当然，与企业之间的大批量销售相比，网上零售方式也存在着上网费、实物运费相对较高的现实问题，这在一定程度上限制了网上实物销售的范围（包括地域、商品、商家、客户等方面）。因此网上商店要代替传统实物市场购物模式，还有待社会信息化程度的进一步提高和商务模式的进一步完善。

（二）企业对企业的电子商务

企业对企业的电子商务指的是企业之间利用互联网进行的商务活动，它是电子商务的主流，电子商务在传统企业中的应用更多的是这种形式。如工商企业利用计算机网络向它的供应商进行采购，或利用计算机网络付款。企业之间的电子商务主要依靠电子数据交换技术，即按照贸易双方协议，对具有一定结构的标准贸易信息，通过数据通信网络，在参与贸易的各计算机间进行无纸化传输和自动处理。电子数据交换技术的使用已有近30年的历史，由于其必须通过贸易双方预先约定的协议（包括通信协议、报文格式、报文内容等）来完成。而不同行业、不同地区实施电子数据交换所采用的标准是不同的。因此，传统的电子数据交换主要在大公司内部或行业协会内部使用，彼此之间处于封闭状态。基于互联网的电子数据交换是开放式的和交互式的系统，它使用公共标准，实现了跨时域、跨商域、跨数据类型、具备互操作性的电子数据交换。企业对企业电子商务具体包括以下业务模式。

1.在线商店模式

企业在互联网上开设虚拟商店，发布网上在线产品目录，宣传所展示的产品或劳务，供客户在网上在线查询，进而提供网上交易的电子商务模式。这种模式与上述企业对消费者实物产品电子商务模式类似，只是交易量更大（一般为成批交易）、交易内容更专业、配送系统实现社会化。

2.中介模式

即通过中介机构在网上将供应商和采购商联系在一起，中介机构则通过向客户提供会员资格收取月租费或按交易记录收取交易费。

中介模式往往跟传统商务活动中的商品交易会或专业市场相对应，目前在我国发展迅速。比较著名的网站有外经贸部主办开通的中国商品交易市场，它于1998年7月开通，以其具有政府权威性、全球开放性、强大的集体营销力，被誉为永不闭幕的广交会。同时，在全国各地也涌现了一批由企业开办的行业网站。仅在浙江地区，比较著名的行业网站有：中国化工网、中国化纤信息网、中国包装网、中国医药网、中国纺织网、中国水泥网等。这些网站以免费服务打开市场，通过广告、网页制作以及收费会员制实现盈利，并依靠自有资金实现滚动发展。

（三）电子商社模式

电子商社是一种得益于数字技术的虚拟化新型商业组织。这一概念首先由美国科技聚合联盟公司在其研究成果《数字经济蓝图》中提出（泰普斯科特，1999）。电子商社是一种虚拟企业。在电子商社中，互联企业通过互联网、企业外部网、企业内联网和确保安全的虚拟专用网等网络手段和企业运作规则把不同地区不同企业的资源迅速组合成超越空间约束的统一经营实体，以最快速度推出高质量、低成本的产品和服务。电子商社可以运作制造、营销、设计、财务等完整功能，但企业内部不一定有执行这些功能的机构。电子商社的组织结构属于分布式网络化的"化学分子型"结构，当企业间目标和利益不一致时，即解散现有虚拟组织，重新组织新的虚拟企业。一个企业也可以同时属于两个竞争性的电子商社的成员。

电子商社是企业对企业电子商务发展的高级阶段，在上文讨论的企业对企业电子商务中，主要实现三个功能：一是公司营销功能，即通过电子部件等手段辅助公司采购和销售活动；二是卖方解决方案功能，即生产供应商提供基于销售的门户站点，众多的买方可以在卖方的站点上进行网络采购；三是买方解决方案功能，即采购商建立自己的采购站点，为多余的供应商提供网上供货的机会。

而电子商社是电子化大市场的解决方案，它为买方和卖方提供了一个快速寻找机会、快速匹配业务和快速交易的电子商务社区。供需双方能够快速建立联系，从而使订购和销售能够快速履行。由于所有的商家都能得到相同质量的服务，并遵照工业标准的协议进行交易处理，商家之间的信息沟通更加便利。而且，加入的商家越多，信息沟通越有效。

在电子商社内，企业之间要实现自动采购、自动订单履行和物流、资金流的自动信息交换，每个企业必须建立功能完善的内联网。以生产型制造企业为例，应建立包括基于网络的会计信息系统、企业资源计划系统、供应链管理系统、客户关系管理系统等信息系统支撑生产运营。

（四）企业、消费者对行政机构的电子商务

1.企业对行政机构的电子商务

企业对行政机构的电子商务指的是企业与政府机构之间利用互联网进行的商务活动。如政府采购通过网上竞价方式进行招标，企业则在网上投标。政府也可以通过电子商务方式实施对企业行政事务的管理，如发放出口许可证、办理出口退税、电子报关、会计报表统计等业务活动。

2.消费者对行政机构的电子商务

消费者对行政机构的电子商务指的是政府机构对个人的电子商务活动。随着企业、个人网上活动的日益普及，政府对社会的服务也将实现电子化。如个人对税务机关的报税行为，政府部门对个人提供的社会服务（如社会福利金的支付）等，将来都会在网上进行。

第二节　无纸化交易与会计证据

信息载体磁介质化和交易的无纸化把古老的会计带入了无纸化的电子数据时代。电子数据的可靠性、完整性、不可抵赖性将成为未来会计的安全基石。

一、会计与会计信息载体技术

会计的发展史有两条主线，一条是会计体系（会计数据的分类和结构）的发展，一条是会计工艺（会计数据处理的物理工具）的发展。会计信息载体是会计工艺的重要组成部分。所谓会计信息载体，简单地说，是指用来记载会计数据的物体。在人类历史上，有许多物体被用来充当会计信息载体。

（一）古代会计信息载体技术的演变

按照史书的一般说法，人类最原始的计量、记录方法是远古时代采取的结绳刻木记事记数法。世界上几乎所有的民族都有过结绳记事记数法的经历，即使到了近代，在一些没有文字的少数民族地区，仍沿用结绳刻木记事记数法。人们通过结绳刻木来记录劳动成果和实物数量。

到原始社会末期，随着原始文字和书的产生及其运用，一种新的反映经济事项的方法——"书契"开始应用。当然，在这一时期，大自然所提供的可供选择的书写物（信息载体）只能是石块、竹、木、陶器、龟甲、兽骨等。据一些学者考证，人类发现最早的书契是账单。也就是说，书契的产生可能与用来记录经济事项内容的需求有关，而用来记录其他事项则是后来的事。

在纸张发明之前，还有许多物质媒介充当过会计信息载体，如羊皮、竹片、丝织品等等。当人类进入纸张、文字和书写的文明时代，信息处理效率迅速提高，成本迅速降低，这为以复式记账为核心的现代会计的产生准备了物质基础。

（二）手工会计系统中的会计信息载体技术

纵观复式记账诞生500余年来的现代会计史，随着社会生产力的发展和科学技术的进步，会计体系和会计工艺不断得到发展。根据会计数据处理技术不同，一般把会计系统分别称之为手工会计系统、机械会计系统和电算化会计系统。

在手工会计系统中，会计数据处理工作是运用简单的计算工具，如算盘、计算器等，通过笔墨和纸张完成的，会计信息载体全部表现为纸介质，包括会计凭证、账簿、报表，以及合同契约等会计资料。为了保证会计资料的正确性、可靠性和完整性，会计法规还对书面资料的格式、内容、书写、修改、确认等作了严格的规定，尤其是对各类原始凭证，对其唯一性，即必须是原件有明确的规定。

（三）机械会计系统中的会计信息载体技术

在机械会计系统中，会计数据处理的一系列步骤都是以人工操作机器来完成。这种机械的代表是电动会计机，它是一系列穿孔卡片机的组合。穿孔卡片设备系列包括：卡片穿孔机、卡片分类机、卡片整理机、卡片计算机和会计机等单元处理设备。通过这些机器设备，会计数据一步步地由一张卡片汇总或登录到另一张卡片上。穿孔卡片技术由美国普查局的统计学家何勒内斯于1880年发明，并在随后的美国人口普查中开始使用。后来何勒内斯成立了制造计算机公司（国际商用机器公司IBM的前身），穿孔卡片技术开始进入商业应用领域，包括在会计中的应用。直到20世纪50年代，穿孔卡片数据处理一直代表着最先进的数据处理方法。

在机械会计系统中，会计信息载体除纸介质的凭证、账簿、报表外，还大量运用穿孔卡片。典型的穿孔卡片是何勒内斯卡，它是一种纸质硬卡片，每张卡片上有80列12排穿孔位置，每个穿孔位置代表一个二进制位置，有孔表示"1"，无孔表示"0"，因此，穿孔卡片虽然是纸介质，但它表示数据的方法已不再是自然语言和数字，而是更接近于后来在电子计算机中运用的机器语言。

（四）电算化会计系统中的会计信息载体技术

在电算化会计系统中，会计数据处理的一系列步骤都可用事先编好的计算机程序由电子计算机自动完成。会计数据一旦输入计算机系统，整个会计数据处理过程，包括不同环节会计数据的存贮都由电子计算机自动完成。电子计算机存储器包括内存和外存，内存通俗地说就是供计算机进行处理的场所，而外存包括机内硬盘、软盘、光盘、磁带等则是用来存放会计数据和程序的主要介质。电子计算机之所以能自动化快速地运算，跟具有大容量的磁介质信息存贮的设备是分不开的。电子计算机性能的不断升级，同时也是信息存储设备容量不断扩大、性能不断提高的过程。

磁（光）介质的产生与应用是会计信息载体技术自纸介质发明以来的又一次质的飞跃，它彻底改变了会计数据的书写方式、存贮方式、传送方式、阅读方式，也为会计的无纸化准备了物质条件。

二、无纸化交易与会计无纸化

（一）无纸化交易的产生和发展

我们现在讨论的无纸化交易是基于互联网的电子商务环境，是以社会信息化和电子商务法律环境为背景的，这也是会计无纸化的客观环境。而局部的无纸化交易早在20世纪70年代初就已出现，这就是被称之为电子商务雏形的电子数据交换技术。

电子数据交换是将商业事务处理数据按照一个公认的标准，形成结构化的事务处理报文数据格式，通过云电子方式在计算机系统之内进行传输。因此，企业间开展电子数据交换除了自身必须应用计算机系统外，还必须同时具备两个条件：通信网络和数据标准。

1.电子数据交换的网络环境

通信网络是实施电子数据交换不可缺少的工具。在互联网出现之前，企业间的数据交换主要是在商用增值网上进行的。增值网供应商提供的四种主要业务是私人业务、综合业务、不拒绝业务和验证业务。私人业务是指增值网保证信息只能由指定的接收者阅读，他人无法看到；综合业务是指如果没有人看信息，则信息从发送端到接收端的过程中不发生变化；不拒绝业务是指发送端不能拒发，接收端不能拒收，并通过旁听跟踪来实现；验证业务则是用来保证信息由其指定的发送端发送，通过增值网实施数据传输，安全可靠，传输效率高。企业间业务往来中的格式化数据都可通过增值网传输，包括采购进货单、退货单、发货单、报价单、托运单、对账单、单价单、缺货通知单、付款明细表等。另外，还可在海关申报、电子对账、电子转账、保险等事务处理中传输格式化单据。

当然，增值网在涉及广告、产品浏览、文本和图像服务等方面的功能非常有限。尤其在早期，由于标准不同贸易伙伴必须统一使用同一个增值网。因此，增值网一般是在较稳定的客户之间，以及企业与海关等社会机构之间应用。随着互联网的出现，基于互联网的专用虚拟网开始进入电子数据交换领域。虚拟专用网是一个在公用分组交换网基础上建立起来的一个加密专用网，每个贸易伙伴在网上被分配一个特定的网络地址（信箱），当一方发送时，只需将报文发送到网上的信箱地址即可，不必像增值网那样直接与对方接通后才能发送。接收方也随时可在自己的信箱中取出自己的报文。

另外，还可通过互联网的电子邮件功能实现电子数据交换业务，尽管其安全性没有虚拟专用网高，但以其操作简单、费用低廉、覆盖面广等特点，尤其得到中小企业的欢迎。

2.电子数据交换的标准

开展电子数据交换的关键是标准化问题，包括数据格式标准化和报文标准。由于不同行业、不同企业都是根据自己的业务特点设计数据库结构，当需要发送电子数据交换文件时，需要通过软件提取数据库中的数据，并自动将其翻译成统一的标准格式才能传输和被对方接收。因此，标准化工作是实现电子数据交换互通互联的前提和基础。纵观电子数据交换标准的发展过程，大致经历了三个发展阶段：

第一阶段是行业标准阶段。即一个行业为了适应贸易处理的需要，建立一个包含所有该行业企业所需要的数字字段的行业格式标准。美国的运输业、银行业、保险业、汽车工业等在20世纪70年代都制定了各自的行业标准。

第二阶段是国家标准阶段，多行业标准的共存限制了电子数据交换的发展。于是欧美各国先后开始制定电子数据交换的国家标准。如美国标准协会于1978年制定了一个称为X12的电子数据交换标准。

第三阶段是国际标准阶段。为了推进国际贸易的发展，必须建立高效的全球贸易环境。联合国于1987年主持制定了有关行政、商业及交通运输业等行业部门的电子数据交换标准，该标准包括一套国际协定标准、手册和结构化数据的电子交换指南。

电子数据交换标准主要有以下四项：一是网络通信标准。即选择何种通信网络协议作为建立电子数据交换的支持系统。目前国际上主要采用MHS作为通信网络协议。

二是处理标准。主要确定电子数据交换数据报文的公共元素处理标准，它与企业的数据库及信息系统有关。

三是联系标准。主要解决企业信息系统和数据库与电子数据交换系统的接口联系问题。

四是报文标准。解决各类报文类型格式、数据元素编码、字符集、语法规则及报表设计语言。它是电子数据交换技术的核心。

（二）会计无纸化的条件

磁（光）介质的发明与电子数据交换技术的应用并没有立即带来会计的无纸化。尽管计算机在商业中的应用已近50年了，但在会计实务中，纸介质的会计信息载体仍占主导地位，即使在电算化会计系统内部，人们仍习惯于把机内记账凭证、账簿和报表定期打印输出，并按手工规则由有关责任人盖章确认。在实行会计电算化的同时实现会计的无纸化是有其主客观原因的，也就是说，要实现会计的无纸化，需要具备一定的条件，主要包括：

1.观念的转变

在大多数人的观念里，纸介质的凭证、账簿、报表从某种意义上讲就代表着会计。它们摸得着看得见，给人实在感和安全感，再加上会计信息在正确可靠性上的特殊要求，使得人们在面临不确定性的创新选择时，更愿意采取按部就班的策略。这种观念上的障碍不仅存在于企业会计人员中，也包括政府主管部门以及银行、税务、事务所等社会部门。在我国，开展会计电算化工作20年以来，不仅要求凭证、账簿、报表要定期打印输出，并按手工要求生成与管理，而且首先要对会计软件及其替代手工记账实行严格的审批制度，这种政策一直延续到现在才有所放宽。

2.社会信息化程度的提高

无论是交易无纸化、会计无纸化，或是社会经济生活其他方面的无纸化，都是建立在社会信息化基础上的。如今年上市公司会计年报开始网上发布，但它要取代传统的报纸，必须有赖于社会信息化程度的提高。当社会大众（不仅是计算机专业人员）通过办公室电脑、家庭电脑，甚至旅行中的手提电脑随时都可上网快速查阅所需信息时，人们的观念自然改变，无纸化自然水到渠成。会计信息系统是跟周围环境广泛联系的系统，要实现会计的无纸化，首先要在社会范围内实现会计信息收集的无纸化、会计信息传递的无纸化、会计信息使用的无纸化。而要做到这一点的前提条件是社会信息化程度的不断提高。

3.无纸化交易的开展

会计无纸化包括会计凭证无纸化、会计账簿无纸化、会计报表无纸化。其中，会计凭证的无纸化主要是由外部环境决定的。对会计信息系统来说，原始凭证是会计信息资料中最重要的部分。而社会的无纸化交易会影响企业原始会计凭证的获取和确认。所谓无纸化交易，通俗地说，指的是没有原始凭证原件的交易，企业要获取原始凭证只有通过自己的计算机系统自行打印交易记录资料，而不是从对方索取原件。所以，从这个意义上讲，无纸化会计最本质的不是指表面上的无纸化环境，而是指无纸介质原件资料的会计处理。由于原始会计资料是会计数据处理的基础，能否进行无原件会计凭证的会计处理首先不取决于企业自身，而是需要有相应的法律环境的支持。因此，无纸化交易不仅是建立在社会信息化基础上，同时也是建立在相应法律规范环境之上的。

三、电子数据及其证据效力

（一）电子数据的特征

电子数据包括电子合同及在电子商务活动中流转的电子单据。根据联合国《电子商务示范法》对电子数据（其称之为"数据电文"）的定义：数据电文是指经由电子手段、光学手段或类似手段生成、储存或传递的信息，这些手段包括但不限于电子数据交换、电子邮件、电报、电传或传真，电子数据无论从其生成、存贮、传递、签字确认、修改都与传统的书面数据存在很大区别。传统的书面数据，包括书面合同和各种书面单据，都以其有形的纸张和自然文字表达出来，具有相对稳定的格式。书面数据常以一式几联的形式产生，便于业务相关方各执一联（都属原件，与电子复印件不一样）。书面数据确认的重要手段是当事人亲笔签字，尽管电报、电传和传真在某些方面改变了传统书面数据的产生方法，但其形成的书面证据经过有关人员的签字后，在某些场合下仍可作为传统的书面数据使用。在各国的法律中，书面资料都是作为证明经济事项的主要证据。

电子商务不是以原始纸张作为记录的凭证，而是将数据记录在计算机系统中的磁（光）性信息载体上的，电子数据极大地改变了传统书面数据的生成方式和存在方式，由于其不同于书面数据的特征，也改变了法律对其证据效力的规定。

电子数据具有以下特征：

1.无形性

电子数据实质上是计算机存贮介质中的一组电子信息，是无形物。电子数据的生成，包括人工输入或通过计算机软件生成（如通过电子数据交换软件将数据库记录转换成电子数据交换标准格式文件）必须借助一定的计算机设备才能完成，而不像纸介质那样由人工直接书写或打印完成；多电子数据的阅读也必须借助一定的计算机设备从存储器中调阅；电子数据的传输也是通过由通信网络设备以信息流形式完成。除非特别需要，保存一般也采用磁介质形式而不是书面打印形式。

2.不稳定性

传统的书面数据一旦形成，其形态和内容不再发生变化，除非遭受不可抗拒的灾害事故，在会计档案保管期限内其有形物质及其内容的稳定性是有保障的。电子数据及其载体除遭受不可抗拒的灾害事故易损坏外，几乎还时刻面临着设备故障、通信线路故障、误操作故障（这跟书面情况下的笔误不同，计算机系统中的误操作很可能导致全部数据的丢失、混乱等后果），以及黑客攻击、计算机病毒感染等方面的威胁。

3.易改动性

传统书面数据一旦生成，具有不可改动性。若有改动也容易留下修改痕迹。对部分允许修改的会计资料，会计法规也严格规定了对书面资料进行修改的方法、要求，如采用划线法，并留下修改人签字等。电子数据是以磁（光）性介质作为信息载体的，对其进行增加、删除、修改不可能在磁（光）介质上留下痕迹。

4.技术性

电子数据的生成、确认、传递、贮存，以及为了保证它的可靠性、安全性、完整性和可验证性等，都是建立在一系列的高技术之上的。并且，为了对付不断更新的信息舞弊和犯罪手段，电子数据的安全技术也需要不断进步。

从某种意义上讲，上述问题的存在也阻碍了会计无纸化地发展。如果电子数据的可靠性、机密性、完整性、可验证性得不到确实的保障，那么开展电子商务，进行无纸化交易也是不可能的。即使采取了现代化的网络通信手段，人们仍离不开纸介质的凭证，就像使用电传、传真一样。

（二）电子数据的安全要素

互联网系统是一个开放的系统，时刻面临着来自企业内外的各种风险，因此，安全问题始终是电子商务的核心问题。电子商务安全的核心是保证电子数据的安全，包括企业信息系统内数据库记录的安全性，数据传输的机密性、完整性与可靠性等。在有关的电子商务安全国际标准中，包括安全电子交易规范、安全套接层协议、安全交易技术协议、联合国电子数据交换标准等都对电子数据的可靠性、机密性、完整性和不可抵赖性做出了技术规定。

1.可靠性

在无纸化交易中，电子数据代替了有形纸张。因此，保证电子数据的安全可靠性是有效开展电子商务的前提。影响电子数据可靠性的环境因素很多，如网络故障、硬件故障、软件故障、操作失误，以及计算机病毒感染等。企业首先要加强内部管理和控制，建立完善的内部控制体系，包括安全操作管理、数据备份恢复管理等。另外，还需要通过技术手段加强对系统环境及其处理的实时监控。

2.机密性

电子商务是在一个开放的互联网上进行的商务活动，保证网上电子数据传输的安全性，防止丢失、被窃听、被截取，保护商业机密是开展电子商务的重要保证。在互联网环境下，为了保证电子数据传输的机密性，一般要建立虚拟专用网进行数据交换，并对数据进行加密处理。在电子商务安全的国际协议中，也规定了不少数据加密技术。如对称加密体制下的DES算法，非对称加密体制下的RSA算法等。

3.完整性

计算机系统在进行数据处理、传输和存贮过程中，由于设备和线路故障、断电、操作失误甚至病毒感染都有可能产生数据的完整性问题。如正在生成数据文件时突然中断，正在传输文件时突然中断等。在过去较低档的计算机系统和数据库管理系统中对此类问题是无能为力的，只能事后采取检查补救措施。显然，数据完整性问题不仅对企业信息系统内部的数据库体系构成威胁，也威胁贸易各方电子商务的正常开展。因此，开展电子商务必须从技术和管理上解决电子数据的完整性问题。

首先要解决数据传输的完整性。网络传输协议要具有差错纠正、自动检查和处理数据完整性的功能。包括按规定的语法规则对电子数据进行完整性扫描检查，对不合乎规定的电子数据要自动进行重新处理。在前面介绍的电子商务安全国际标准中都有专门的保证信息完整性的技术措施。

其次要保证数据存储的完整性。电子数据不仅是电子商务活动的重要凭据，也是交易活动结束后会计处理活动的重要凭据。在整个会计处理周期（一年）内，会计人员、企业内外的审计人员，经常要调用存贮介质上的电子数据。根据会计档案保管制度的规定，在一个会计周期结束后，电子数据仍要保存相当一段时间，以供日后备查。企业要根据电子数据不稳定性、易改动性的特点，通过技术和管理措施确保电子数据存贮的安全性和完整性。

4.不可抵赖性

贸易各方一旦签署协议，就不能单方面撤销，即不可抵赖性，这是保证交易正常开展的重要条件。在传统的书面数据中，包括贸易书面合同、贸易单据等，一般是通过责任人的手写签名、盖章等方式来明确个人的法律责任和义务的。在电子商务的无纸化交易环境下，传统的手写签名和盖章已不可能，接收方为了证实所接收到的数据是原发方发出的，并且在收到数据后不能抵赖；而原发方也可以证实只有指定的接收方才能接收电子数据，一旦发送即不能抵赖，则必须要对电子数据提供具有签名或盖章效力的标识。就像人工签名和盖章是书面内容的组成部分一样，对电子数据的签名或盖章也是其组成内容之一。因此，也必须通过电子方式完成，这就是数字签名技术。

电子数据要真正成为具有法律效力的业务证据在电子商务活动中被广泛地接受，上述四要素是缺一不可的。要实现上述四要素，一要依靠不断创新的信息技术安全产品，二要建立法律保护的社会环境，三是电子商务用户要建立完善的内部管理和控制体系，这也是电子商务健康发展的条件。

（三）电子数据的数字签名技术

在传统的经济活动中，所有交易单据，包括汇票、本票、支票等结算单据，必须经出票人亲笔签名或盖章后才能生效。也就是说，签名是组成合法凭据必不可少的组成内容。在电子商务环境下，电子数据也必须经过签名后才能生效，这就是数字签名。

数字签名实际上是电子数据文件中一组用二进制数0、1表示的字符串。它是通过加密技术，在发送方和接收方之间经过加密、解密转换实现的。基本原理是：报文发送方用散列算法从报文中生成一个固定长度的报文摘要（散列值），然后用私有密钥对报文摘要进行加密形成发送方数字签名并发送；接收方用同样的散列算法计算原报文的报文摘要，再用公用密钥对附加的数字签名进行解密，如果两个报文摘要相同，就确认该报文是数字签名发送方的。

数字签名可以实现以下功能：一是接收方能够核实发送方对报文签名的真实性；二是发送方事后无法抵赖对报文的签名；三是接收方无法伪造对报文的签名。也只有同时具备以上三条，数字签名的有效性、可靠性才能保证，并且比纸介质的人工签名更具有真实性。

与数字签名技术相关的数字凭证技术同样具有数字签名的作用。数字凭证又称数字证书，是用电子手段来证实一个用户的身份和对网络资源的访问权限。数字凭证也是一个数字文件，内容包括持有人姓名与地址、公开密钥、证书序号与有效期、发证单位的数字签名等。当接收者收到一份经过数字签名的报文时，可以通过验证签发者的数字凭证来确认发送者的身份。在网上的电子交易中，首先可通过出示各自的数字凭证（就像出示身份证一样），以相互证实对方的真实身份。数字凭证一般由被称之为认证中心的权威机构发放与管理。

（四）电子数据的法律承认

完善的技术是电子数据普及使用的基础。但电子数据要得到社会的认可，首先要取得法律上的承认，使其具有法律效力。由于电子商务是没有国界的，因此，有关电子商务的法律需要考虑全球普遍性。建立电子商务的法律环境已受到各国的重视。联合国国际贸易法委员会在1996年的第二十九届年会上通过的《电子商务示范法》为各国电子商务立法提供了范本。我国于1999年3月15日在九届人大二次会议上通过了新的《合同法》，也第一次承认了电子商务合同在我国的法律地位。尽管世界各国的电子商务立法尚在不断完善之中，也不断有新的问题需要解决，如消费者权益保护、知识产权保护等。但开展电子商务的基本法律框架已在全球范围内构建。下面，仅介绍与电子数据直接有关的几个方面。

1.关于电子数据的书面形式

"书面形式"这一概念在各国的极大部分法律中被广泛采用，包括民法、合同法、票据法、海关法、仲裁法等。电子商务环境下的电子数据已不同于任何传统意义上的书面形式，是取消书面形式的提法还是扩大书面形式的定义，是电子商务立法中面临的问题。根据功能等同法原理，把符合书面形式功能的东西视同书面形式，是目前普遍采用的做法。

联合国《电子商务示范法》第六条规定："如法律必须要求采用书面形式，则假若一项数据电文所含信息可以调取以备日后查用，即满足该项要求。"我国新的《合同法》也将传统的书面合同形式扩大到数据电文形式。第十一条规定书面形式是指合同书、信件以及数据电文（包括电报、电传、传真、电子数据交换和电子邮件）等可以有形地表现所载内容的形式。也就是说，不管合同采用什么载体，只要可以有形地表现所载内容，即视为符合法律对"书面"的要求。

2.关于电子数据的"原件"问题

在许多国家的法律中，涉及证据时都要求提供原件。原件具有独一无二性的特征，会计上的原始凭证一般都要求是原件。电子商务环境下的电子数据是记录在计算机内的一串字符，传送给接收方的也是一串字符，不可能具备独一无二的特征。从某种意义上讲，电子数据不存在"原件"问题。因此，法律需要对此做出相应的规定。

《电子商务示范法》第八条对传统法律范围关于"原件"的要求做出了适

宜于电子数据的调整，规定：如法律要求信息须以其原始形式展现或留存，倘若情况如下，则一项数据电文即满足了该项目的要求：（a）有办法可靠地保证自信息首次以其最终形式生成，作为一项数据电文或充当其他用途之时起，该信息保持了其完整性；（b）如要求将信息展现，可将该信息展示给观看信息的人，在具体评估一项数据电文的证据力时，只要能证实生成、储存或传递该数据电文的办法的可靠性，保护信息完整性办法的可靠性，鉴别发端人身份办法的可靠性，则应给予数据电文应有的证据力。《电子商务示范法》的这些规定实际上也是运用了功能等同法原理重新定义了"原件"的概念，即扩展了它的内涵。

3.关于电子数据生效的时间与地点问题

电子数据（尤其是电子合同）的生效时间和地点在电子商务活动中具有重要法律意义。在传统的商务环境中，不同国家的法律对此有不同的规定。如英美法系国家采取"发出生效规则"，大陆法系国家则采取到达生效规则，由于电子数据可在任何时间、任何地点发送，具有较大的不确定性。因此，到达生效规则更适合于电子商务活动。

为了避免在未来的电子商务交易中产生贸易纠纷，联合国《电子商务示范法》第十五条详细规定了收到和发出数据电文的时间和地点。

"除非发端人与收件人另有协议，数据电文的收到时间按下述办法确定，

a.如收件人为接收数据电文而指定了某一信息系统：

（a）以数据电文进入该指定信息系统的时间为收到时间。

（b）如数据电文发给了收件人的一个信息系统但不是指定的信息系统，则以收件人检索到该数据电文的时间为收到时间。

b.收件人并未指定某一信息系统，则以数据电文进入收件人的任一信息系统的时间为收到时间。"

"除非发端人与收件人另有协议，数据电文应以发端人设有营业地的地点视为其发出的地点，而以收件人设有营业地的地点视为其收到地点。就本款的目的而言：

a.如发端人或收件人有一个以上的营业地，应以对基础交易具有最密切关系的营业地为准，如果并无任何基础交易，则以其主要的营业地为准；

b.如发端人或收件人没有营业地，则以其惯常居住地为准。

我国新《合同法》也做了相应规定，采用数据电文形式订立合同，收件人指定特定系统接收数据电文的，该数据电文进入该特定系统的时间，视为到达

时间；未指定特定系统的，该数据电文进入收件人的任何系统的首次时间，视为到达时间，同时还规定采用数据电文形式订立合同的，收件人的主要营业地为合同成立的地点；没有主营业地的，其经常居住地为合同成立的地点。"

4.关于电子数据的签字确认问题

签名是交易合同和单据生效的必备条件。传统的书面签字是指某具体人在交易合同和单据上亲笔写上自己的姓名或所代表的单位名以示确认，并开始承担相应责任。传统的签字方法在电子数据文件上是不可能的。数字签名、数字凭证、电子认证等技术方法就是用来确认电子数据的真实性及发送身份的。联合国《电子商务示范法》第七条规定：如果数据电文的发端人使用了一种方法，可以鉴定该人的身份和对数据电文内容的认可；并且从各种情况来看，包括根据任何相关协议，所用方法是可靠的，对生成和传递的数据电文的目的来说也是适当的，则认为该数据电文满足了签字确认的要求。

四、电子会计数据的生成与管理

上一节讨论的尽管是一般电子数据问题，但这些在电子商务活动中发生的电子数据几乎都属于会计上原始凭证的范畴。在会计无纸化中，原始凭证的无纸化是最核心，最具技术性、法律性、风险性的一个环节。原始凭证无纸化的实现，为记账凭证、账簿、会计报表的无纸化扫清了所有观念上和技术上的障碍。因为从常理上讲，原始凭证都可以用无纸化的电子数据代替，没有理由再对据此产生的会计账簿、会计报表的表现形式做任何法规上的限制，除非使用者有特殊的要求。

（一）原始电子数据的生成与管理

在传统的会计信息系统中，原始凭证主要表现为在经济业务活动过程中产生的纸介质原始单据，经过经办人员签字后作为正式原始会计凭证进入会计信息系统。会计人员按照会计制度的有关规定确认审核后，据此填制记账凭证。至此，作为会计信息系统的输入数据正式产生。

在无纸化交易环境下，原始会计凭证表现为电子数据形式，附有发送方数字签名、数字凭证的电子数据在交易活动发生时被直接送入接收方的计算机信息系统。接收方业务经办人员首先要对电子数据进行审核，包括对电子数据报文内容、数字签名、身份认证的审核，对有些反映一系列业务链的电子数据，则要按顺序审核对应的数字签名链。经办人员审核签字（数字签名）后作为正式业务数据转入会计信息系统。经过会计人员审核确认后由计算机系统自动生成电子记账凭证。

无纸化交易环境下原始电子数据的产生如图4-1所示。

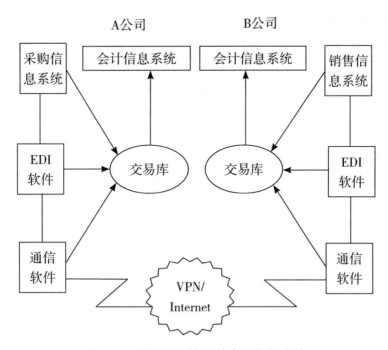

图4-1　无纸化环境下的电子数据交换

（二）电子账表的生成与管理

在传统的会计信息系统中，会计资料主要由记账凭证、会计账簿、会计报表组成。从某种意义上讲，凭证、账簿、报表就代表着会计。但从会计信息流及其组成内容上分析，实际上它们都是由原始会计凭证经过一定的会计确认、分类、汇总后产生的。之所以形成从记账凭证、分类账簿到报表的数据处理过程和产生不同形式的会计资料，跟基于手工操作和不同的使用者需要不同形式的会计资料有关。站在计算机处理的立场看问题，手工情况下表现为不同处理环节、不同数据形式的凭证、账簿、报表数据实际上是同一数据形态的不同输出格式。如果计算机能做到根据同一数据源随时能产生人们需要的不同形式的会计资料，那么传统的数据形式没有必要在计算机系统中存在。也就是说，电子账表无须按手工账表的格式生成和储存，计算机系统只需生成和储存最能反映会计本质内容的基本数据项即可，不同形式的会计资料则交由计算机输出系统去完成。

计算机会计信息系统一般需要生成和储存三类电子会计数据库：

（1）业务数据库

它们来自企业信息系统的所有子系统，如生产系统、采购系统、销售系统等，经会计确认后产生。

（2）分录数据库

分录数据库是业务数据的会计化表示，它是把具体的经济事项分类转化为由一定（两个或两个以上）会计科目的借项和贷项组成的会计分录记录。每项经济业务都要转化为两个或两个以上的记录项，每个记录项代表一个会计科目及其所代表的借贷方向、金额、业务内容（摘要），以及数量、单位、往来对象等明细业务资料。

分录数据一经审核通过（相当于手工情况下的记账凭证审核与入账），即成为正式会计资料，分录数据库是电子会计数据的主要信息源。库中记录如果按凭证号输出，即为传统的记账凭证及其原始资料；如果按明细科目号分类序时连续输出，即为传统的日记账和明细分类账。

（3）科目数据库

科目数据库按科目设置记录，内容包括反映每一科目（包括一级会计科目和各级明细科目）当前的和分月、年的借贷方发生额、余额及数量等基本会计信息资料，还包括各科目历史的、甚至计划预测方面的基本会计信息资料。由于在科目数据库中已积累了大量基本会计信息，按照标准的数据代码和报表信息生成关系可自动定义和产生所需会计信息资料。这些会计信息资料包括日常的对外定期报表、随机的内部管理报表，以及财务分析报告等。在无纸化的社会环境中，向外提供会计报告也将实现无纸化，如通过互联网发布会计信息。发布周期也将实现实时化，而不是一年一次。

会计数据的电子化表示，并不否定传统形式会计资料的继续存在。会计信息系统对会计数据要以无纸化生成、储存和查阅为基础，同时还要具备随时打印输出各种形式会计资料的功能，以满足不同使用者的特殊需要。

第三节　电子货币与会计结算

电子货币的出现，网上银行的诞生，把基于票据传递的会计结算带入无纸化的电子结算时代。无纸化交易就是电子凭单传递加电子货币结算。

一、会计与货币结算

货币是固定地充当一般等价物的特殊商品，是商品交换中内在矛盾发展的必然产物。

在人类发展史上，货币是从一般等价物中发展而来的。在原始社会末期，产品出现剩余，社会出现分工，商品交换开始出现。最初的商品交换是直接的物物交换，交易能否成功取决于交易双方所提供的商品是否能够满足对方的需要。显然随着商品交换规模的扩大，直接物物交换的困难越来越大，客观上需要有一个能被社会公认的独立价值形式的出现，这就是作为商品交换一般等价物出现的背景。

充当一般等价物的商品，起初是因时、因地制宜的，许多商品都充当过一般等价物。随着交换的发展，在充当等价物的商品中，有一种特殊的商品逐渐被独立出来充当固定的一般等价物，这种等价物就是黄金或白银。这时，各种商品才有了一个为社会所公认，统一固定的相对价值形式，这就是货币。

货币的产生促进了商品生产和贸易的发展；而生产和贸易的发展，又促进了商品经济的发达。生产者开始不满足于为自己的消费而进行的生产和交换，他们需要为扩大再生产而购买原材料和劳动力；另外，专门从事贸易的商人和专门从事货币借贷的高利贷者（最初的银行家有很多是从高利贷者发展而来的）也开始出现。这时的货币已从最初的仅充当商品交换一般等价物的角色发展为同时具有资本职能的货币。

随着社会生产的不断发展和商品交换的日益繁荣，货币的职能及其应用的规模、形式也不断发展。它经历了从早期的等值金币向不等值的铜币最后向价值符号化的纸币的发展历程。尤其是银行的产生和发展大大促进了信贷的发展和支票、汇票等信用货币的广泛应用，社会经济实际上已成为商品货币经济。

货币与会计有着不可分割的天然关系。在货币出现前的原始会计时代，会计主要以文字记录实物数量的方式反映经济记录。货币的产生为会计带来了最好的计量手段，并促进了会计的发展。从我国古代会计记账符号、会计记录方式、记账规则及结算方法的历史演变中可以明显地看出货币计量手段的运用在其中所起的作用。

复式簿记之所以产生于意大利北部城市，也跟当时商业的需要是分不开的。商品货币经济的发达，商业经营及银行业务的复杂化，给经营者和管理者提出了一个又一个的难题，人们正是在解决这些难题的过程中逐步地创造了复式簿记。美国著名会计理论家和史学家A·C·利特尔顿在其名著《1900年前的会计发展》（《Accounting Evolutionto 1900》）一书中谈到了复式记账产生的七大要素中就包括货币和信贷的产生，认为，自从出现了货币经济，人们在交易中有了共同的标准，簿记才显得更为重要；自从出现了信贷，簿记才变得比较复杂起来，以至于在对交易的反应过程中使记录方法有所改善。

随着电子商务的出现和发展，货币的职能和作用又面临着新的发展，货币的电子化和结算的网络化将成为必然的选择，它们将以新的形式影响和促进会计的发展。

二、电子货币与电子商务

传统商务活动中的货币支付通常采用现金方式和支票等银行结算方式。现金支付方式主要应用于个人与企业之间的商品交易活动，支票等银行结算方式多用于企业间的商务活动。在传统的商务活动中，无论是信息流、资金流都表现为有形物质流。在电子商务环境中，为适应网上自动交易的需要，信息流已实现无纸化，相应地货币支付也要求通过网络来实现，这就是货币的电子化。电子货币是与电子商务相适应的一种支付手段。

（一）电子货币的内涵特征

电子货币又称数字货币，是在电子信息技术高度发达的基础上出现的无形货币，它使用一定价值的现金或存款从发行者（不一定是银行）处兑换获得相同金额的电子数据，并通过一定的电子化方式将该电子数据直接转移给支付对象的方式来实现货币支付任务的。典型电子货币包括电子现金、电子支票和电子信用卡。

电子货币仍属于不断发展中的一个概念，无论从法律的还是从实际应用上看，电子货币尚不具备通货的功能。目前大多数电子货币还只能在特定的场所用于支付，接收方在收到电子货币后也并没有完成对款项的回收，而需通过转账等形式向发行电子货币的银行或信用卡公司收取实体货币。电子货币的发行与接收都是以现金或存款等实体货币的现有价值为前提，通过发行主体将货币价值电子信息化之后实现的。从这个意义上讲，目前的电子货币尚属于以现有通货为基础的二次货币，或者说是以法定货币单位来反映商品价值的信用货币。电子货币与实体货币的关系如图4-2所示。

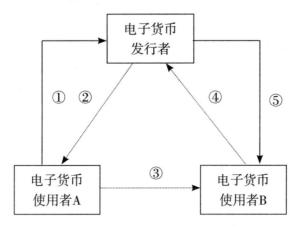

图4-2　电子货币与实体货币的关系

在图4-2的关系图中，步骤①至⑤的内容如下：

①电子货币使用者A向电子货币发行者提供一定的现金或存款等实体货币，并请求发行电子货币；

②电子货币发行者通过电子手段向电子货币使用者A发送等额的电子货币；

③在交易活动中，电子货币使用者A向另一使用者B支付电子货币；

④电子货币使用者B向电子货币发行者发出兑换请求；

⑤电子货币发行者根据电子货币使用者B的支付请求，将电子货币兑换成实体货币支付给电子货币使用者B，或存入其存款账户。

电子货币是在传统货币基础上发展起来的，与传统货币比较具有以下优势特点：

（1）数字化表示

电子货币实际上是由一组数字构成的特殊信息，它含有用户的身份、密码、适用范围、使用期限、金额等电子信息内容。交易活动中的货币支付实际上是相关电子信息的交换。电子货币给社会带来的进步不仅仅在于减少了社会关于印钞、发行、流通的费用开支，更主要的还在于它为数字化社会带来了相适应的货币支付和结算手段。

（2）电子化支付

传统支付方式是通过现金流转、票据的转让及银行汇兑等物理实体的流转来完成的。而电子货币的支付是通过电子技术和通信手段实现的，具有方便、快捷、高效的优势。交易双方可以足不出户，直接在网络上实现交易活动信息流、资金流的自动化处理。

（3）安全一致性

由于电子货币是通过计算机通信网络等电子手段来实现流通和储存的，因此，它是通过数据加密技术，而不是通过传统的防伪技术手段来保证货币流通的安全性的。电子货币系统具有多层加密措施，伪造一组随机产生的密码要比伪造现金更难。

（二）电子货币的分类

电子货币是一种依托法定货币而产生的信用货币。因此，各商业银行、信用卡公司，甚至非金融企业都可进行电子货币项目的研究与实验。目前世界各国已开发出一系列花样繁多的电子货币项目，并已进入实用阶段。著名的有英国的Mondex卡，美国的计算机现金、第一虚拟等。根据支付手段的不同，可把电子货币分为四类：

（1）信用卡应用型电子货币

这是一种能在互联网上使用信用卡的电子货币，是目前发展最快、正在步入实用化阶段的电子结算工具。如美国的第一虚拟互联网支付系统、计算机现金安全互联网支付服务、网景商业服务器、互联网购物网络——ISN等都是典型的应用例子。

我国各金融机构的电子支付手段大都属于该类型，如招商银行的一网通电子支付系统。

（2）存款利用型电子货币

这是一种通过互联网等计算机通信网络安全移动存款通货以完成结算的电子货币。如美国的安全第一网络银行SFNB、金融服务技术国际财团FSTC、网络票据电子商务等都是典型的应用例子。

（3）现金模拟型电子货币

这是一种模拟实体现金，能在个人之间实现当面支付的电子现金，这是一种最接近实体现金的电子货币。如美国的e现金、网络现金，英国的Mondex卡等都是著名的现金模拟型电子货币。

（4）储值卡型电子货币

这是一种功能得到加强的储值卡。目前在世界范围内广泛应用的IC卡电子货币项目大都属于储值卡型电子货币，包括我国金卡工程中的IC卡。IC卡是英文Integrated Circuit Card即集成电路卡的缩写，它是将具有数据储存、处理、安全保密等功能的集成电路芯片嵌到一张塑料卡片中。IC卡外形虽与普通磁卡相似，但其数据存储、处理及其安全性与磁卡完全不同，它实际上是一台超微型计算机。因此，IC卡也称之为智能卡（Smart Card）。

IC卡虽在功能上远远超过普通的储值卡，但从支付手段上分析，与普通储值卡并无多大差别。它既不能用于个人之间的交易支付，也较难通过互联网进行支付。因此，目前IC卡还较难成为电子商务的结算货币和支付方式。

（三）电子货币促进商务创新

电子商务是在网络上进行交易的，买卖双方并没有直接见面。因此，电子商务解决方案必须解决四个核心问题，即信息流、资金流、物流和交易的安全性。任何一个问题解决不好都会抵消电子商务的整体优点。就资金流来说，电子商务不可能建立在传统的书面结算票据流转和银行结算基础上，必须借助电子货币和网络银行解决方式。因此，电子货币是电子商务的核心组成部分之一，它的作用主要表现在以下几个方面：

（1）为电子商务提供了方便、快捷、经济、高效的支付方式

在电子商务中，资金流与信息流是建立在统一的计算机网络技术及其相应的安全技术之上的。交易活动结束后，交易各方无须再跑银行，传递资金结算凭证，而是通过网络快速、低廉、准确地自动完成。这大大简化了交易作业量，缩短了交易时间，节省了交易成本。

从企业会计业务看，传统结算方式下产生的应收应付账款管理、银行未达账管理、赊销账款的对冲处理等业务内容，由于实现了交易与结算票据的一体化处理，大大减轻了会计核算的工作量，提高了会计信息处理的及时性，加速了资金的周转。

（2）促进金融电子数据交换（EDI）的实现

电子商务是一种无纸化交易，将传统的纸介质合同、交易单据实现电子数据化表示是实现网上信息流的前提；同样，将传统的实体化货币电子数据化表示也是实现网上资金流的前提。

（3）促进了营销方式的创新

在传统的商务活动中，信息流、资金流和物流一般都是相对独立地完成各自的业务流程，只有在零售时，一手交钱，一手交货，即时开票，是即时一起完成的。

未来的社会是数字化社会，数字产品将是重要的产业分支。信息、计算机软件、报纸杂志、娱乐节目，以及网上票务、税务、保险、证券、社会福利等都将实现数字化服务。产品和劳务的数字化，再加上信息流的数字化、资金流的信息化，使在网上进行"一手交钱，一手交货"成为现实。

（4）促进了结算方式的创新

电子货币的出现、电子商务的发展，也促进了传统结算方式的创新。在传统商业活动中，一般小额支付通过现金实现，大额支付通过支票、汇兑、信用卡等方式实现。显然，在传统结算方式下要通过非现金方式实现小额付款存在很高的成本问题。通过网上电子货币结算，不仅快捷方便，而且成本很低。大大扩展了电子商务活动的范围。

另外，从目前电子货币项目的应用实践看，随着小额结算方式的多样化，结算业务作为商业银行固有业务的地位越来越受到威胁，各类非金融企业发行的名目繁多的IC卡，实际上已成为新形式的结算账户。在大宗结算业务方面，随着电子商务的开展，企业集团各独立主体之间的资金结算、电子商社内各企业关联方之间的资金结算，越来越容易实行差额结算。即在通过银行结算之前，用户用抵冲债权债务的方法先行处理，差额再由银行结算，甚至差额也不通过银行，而是通过内部通用的电子货币进行划转。企业可以大大简化结算手续和节省结算费用的开支，同时也对传统的银行业提出了挑战。

三、电子货币的结算程序

所谓结算，是指企业或个人因交易发生债权、债务关系时，通过一定的支付方法将货币从债务人一方转移到债权人一方，从而解决债权、债务关系的收付行为。在传统交易业务中，支付过程可分为两大类：一类是现金直接支付方式，主要应用于零售业务中，支付过程表现为一手交钱，一手交货，操作非常简单；另一类是通过存款货币间接支付方式，这是目前结算业务的主体。具体包括支票、银行汇票、商业汇票、银行本票、信用卡、汇兑、托收承付、委托收款等结算方式。这些结算方式都涉及交易双方、各自的开户银行或者其他金融机构，结算程序及其相应的会计核算方法均有严格的规定。

电子支付则是通过电子货币形式而不是通过传统的实体货币形式在互联网或其他电子设备上进行交易支付。由于电子货币的种类很多，不同种类电子货币其结算程序有较大差别。下面主要介绍信用卡型电子货币、存款利用型电子货币、现金模拟型电子货币三类电子货币结算程序的一般模式。

（一）信用卡型电子货币结算程序

用网上信用卡实时清算系统进行资金支付在西方国家已很普遍，如美国著名的网上书店亚马逊（Amazon.com）主要采用这种方式。

在网上信用卡业务中，消费者首先要把自己的信用卡信息注册登录到电子货币服务系统中，当消费者在电子货币服务系统特约的商家进行网上采购时，选择了需要的商品后，要连同加密的支付信息（包括信用卡信息和支付金额等）一起通知商家。商家从网上收到购物和支付信息后，首先通过电子货币服务系统要对消费者的支付能力进行验证，得到证实后再向消费者传送电子收据并发送商品。

信用卡型电子货币的种类很多，不同的电子货币在结算程序上各有特点，但基本流程是类似的。图4-3是网上信用卡结算程序的一般模式。

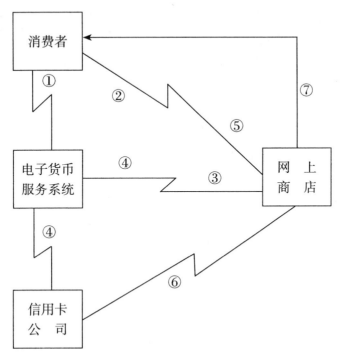

图4-3　网上信用卡结算程序

步骤①至⑦的内容如下：

①消费者预先通过互联网下载电子货币专用软件，并通过该软件向电子货币服务系统注册登记自己的信用卡信息。只要一次注册登记，其后即可直接在网上交易和支付；

②消费者向网上商店发送购物申请，内容包括购物清单、通过电子货币软件生成的加密支付信息；

③网上商店根据收到的购物清单和支付信息向电子货币服务系统进行真实性验证；

④电子货币服务系统通过专用的解密软件验证信用卡信息的真实性，并将确认结果反馈给网上商店；

⑤网上商店向消费者发送电子收据和购物清单，如果是数字产品也一并发送；

⑥网上商店回收货款；

⑦网上商店向消费者发送商品。

（二）存款利用型电子货币结算程序

在传统的各种结算方式中，除现金直接结算外，其他结算方式包括汇票、本票、支票等，其最终结果实际上只是交易双方的存款发生了移动，即从债务方转向债权方，并没有实体货币的物理流动，这种结算方式非常适合于计算机网络技术的应用。其实，在基于互联网的电子资金移动结算方式出现之前，银行之间利用封闭式计算机网络进行的电子资金移动已在世界各国应用，随着互联网应用的日益普及，越来越多的银行开始提供互联网上的全面服务。电子支票项目是其中正在发展中的典型服务内容之一，也是典型的存款利用型电子货币项目。

与普通支票一样，电子支票结算过程也涉及四个实体，即交易双方和各自的开户银行，它是借鉴纸张支票传递过程，利用计算机网络将资金从一个账户转移到另一个账户的付款过程。电子支票的支付过程以加密方式传递，以数字签名代替手工签名。

图4-4是电子支票结算程序的一般模式。

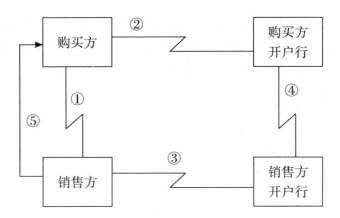

图4-4　电子支票结算程序

步骤①至⑤的内容如下：

①购买方和销售方签订购销协议电子合同，经双方数字签名后，由购买方向销售方发送电子支票，内容包括：有关支付的详细数据、有关支票内容的数据、购买方数字签名、开户行对购买方的加密证明、中央银行对购买方开户行的加密证明等；

②购买方向自己的开户行发出付款通知单；

③销售方对购买方提供的电子支票逐级进行解密验证，验证无误后经过数字签名背书后发送给自己的开户行；

④双方开户行对电子支票进行验证确认后，进行存款的电子转账并通知各自客户；

⑤销售方向购买方发送商品。

电子支票的整个结算过程是建立在严密的安全技术基础上的，除了数据加密、数字签名外，还要采用数字时间戳等技术，以防止电子支票数据被复制和重复兑现。

（三）现金模拟型电子货币的结算程序

目前，人们对商务活动中的零星小额支付多采用信用卡方式，它包括网上信用卡方式。但信用卡仅仅是一种支付手段，它不像现金那样具有匿名性，也不能在个人之间随意流通。信用卡的这种局限性导致了电子现金的出现。

电子现金是以数字化形式存在的，以数字形式流通的隐形货币。它可以存储在个人微机内，也可以存贮于专门的IC卡中；可通过互联网支付和传递，也可以通过专用设备进行卡对卡的支付和转移。它允许消费者从银行购得电子现金，但银行却不能像普通信用卡那样把消费者的姓名等身份信息与所领电子现金联系起来。也就是说，发行银行只认证电子现金，而不跟踪电子现金的流量，就像现金一样，故称之为现金模拟型电子货币。图4-5是网上电子现金结算程序的一般模式。

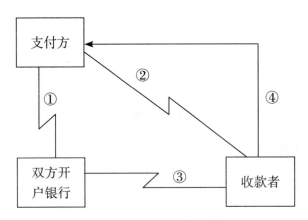

图4-5　网上电子现金结算程序

步骤①至④的内容如下：

①支付者预先需在银行开户、存款，并从自己的开户行中下载电子现金软件。平时，支付者随时可将存款兑换成电子现金，并通过网络存入自己的计算机硬盘中，以备用；

②支付者利用网络从收款者处选购商品或取得劳务，并同时利用装在自己计算机中的电子现金软件支付电子现金，电子现金即从自己的硬盘中传送入收款者的计算机内，交易支付完成；

③收款者可以是企业，也可以是个人。预先也必须在受理电子现金的银行开户存款，并使用电子现金软件。收款者收到的电子现金也可继续用来支付。当需要兑现时，可通过网络向开户行返回电子现金，开户行对返回的电子现金认证确认后，即增加收款者的实体存款；

④收款者向支付者发送商品或提供劳务。

由于电子现金的匿名性和"脱线处理"的性质，也给电子现金的普及带来一些其他类型电子货币不存在的问题，一是电子现金的发行主体与发行量问题。目前正在试验的电子现金项目，各发行银行均采取与现金、存款等实体现金等额兑换的发行体制，不同银行间的电子现金是不兼容的。如果要像现金一样具有普遍的流通性，甚至替代现金流通，则必须解决发行主体和发行量问题。显然，由中央银行发行，采取类似于实体现金发行量控制的办法是最可靠的解决办法。二是电子现金的安全性问题。与其他电子货币一样，电子现金也采取了严格的加密措施以防被复制和多次兑现。但对于用户来说，一旦自己计算机的存储器损坏，电子现金也就丢了；就像丢了现金一样，既不能向银行挂失，也无法恢复。而对于目前上网计算机来说，受病毒、黑客攻击导致机器故障的风险是很高的。

四、电子支付的安全体系

由于互联网的开放性，基于互联网的电子支付的安全就显得特别重要，安全的电子支付是开展电子商务的最基本要求。电子支付的安全体系包括电子支付的安全协议、电子支付的安全认证。安全协议在电子支付中主要解决交易各方之间的安全通道问题，包括交易各方之间的相互确认、信息传送的可靠性与完整性等。电子支付安全协议主要有SSL协议、SET协议。安全认证在电子支付中主要解决交易各方身份的真实性问题。它们共同构成电子商务电子支付的安全体系。

（一）SSL协议

SSL协议，即安全套接层（Secure Sockets Layer）协议，由网景（Netscape）公司推出，目的是为用户提供互联网和企业内联网上的安全通信服务。目前绝大部分的网络服务器和浏览器都支持SSL协议。凡是使用Netscape和IE浏览器的用户，都可将其信用卡信息安全地发送到网络服务器上。

SSL协议提供三项基本安全服务：一是信息加密服务。采用专门的加密算法，对交易各方的数据通信进行加密，防止通信被非法窃听和破译。

二是信息完整性服务。采用专门的技术方法保证数据通信没有被中途篡改，能完整地到达目的地。

三是交互验证。采用专门的数字认证技术保证交易各方身份的真实性。

（二）SET协议

SET协议，即安全电子交易（Secure Electronic Transaction）协议，由Visa和Master Card两家国际上最大的信用卡公司连同IBM、微软、网景等多家著名信息产业公司共同制定。主要用于基于互联网的信用卡电子支付安全标准，包括互联网上电子支付的信息机密、过程完整、身份认证。

SET协议能提供以下安全服务：

第一，用专门的加密技术确保信息的保密性。由于客户的支付信息随购买申请先通过商家再到达金融机构，客户资料的安全受到威胁。SET比SSL更安全地解决了这一问题；

第二，通过数字签名、双重签名、报文摘要等技术手段，确保技术的真实性、完整性和不可抵赖性；

第三，提供交叉认证服务，确保交易的可靠性。包括顾客与金融机构、客户与商家、商家与金融机构之间的多方认证；

第四，通过特殊的协议和报文形式确保网上交易的实时性。

（三）安全认证体系

安全认证体系的安全功能是通过发放数字凭证（或称数字证书）来验证网上参与交易的各方的身份。SET的核心实际上就是一系列的数字凭证和身份认证问题。数字凭证的内容一般包括拥有者姓名、拥有者公共密钥、有效期、颁发单位、序列号、颁发单位数字签名等。颁发单位称为认证中心（Certificate Authority：CA），一般代表独立的第三方。

图4-6是认证中心与电子商务交易各方关系示意图。

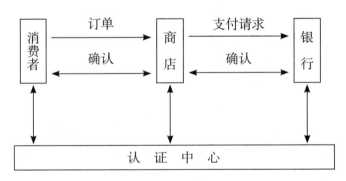

图4-6 电子商务各方关系示意图

从技术角度看，银行、信用卡公司完全可以发行自己的数字凭证为自己服务，但让权威、可信、公正的第三方来提供认证服务更符合用户的需要。据报道，中国最具权威的中国金融认证中心（CFCA）已于2000年6月29日正式开通。在业务模式上，CFCA全面支持电子商务的两种主要业务模——B to B和B to C，目前可发放SET证书和No SET（非SET）PKI证书。SET证书用于支持基于信用卡、借记卡支付的SET交易（B to C），PKI证书可用于B to C和B to B交易，支持网上银行、网上证券交易、网上购物以及安全电子文件传递等应用。中国金融认证中心CFCA的正式开通和业务的迅速扩展，有望结束目前我国各行业、各地区纷纷建立各自认证中心的不规范状态，全面推进我国电子商务的发展。

第四节　网络技术与会计报告

互联网不仅给会计报告带来了前所未有的处理技术，同时，由于其对社会经济的影响，也在促进会计报告模式的变革。能满足多样化信息需求的实时会计报告模式将成为现实。

一、传统会计报告模式及其局限性

会计报告模式，狭义地说，指的是对外报告制度，即企业向外界各类会计信息使用者提供会计报表的制度。广义地说，则是泛指会计信息系统向企业内外会计信息使用者提供各类会计信息资料的方式。会计报告模式是会计的重要组成部分。

（一）传统会计报告模式的基本特征

提供会计信息是企业的基本目标。会计报告模式简单地说就是提供会计信息的方式。就像会计的产生和发展是由经济社会的客观环境决定的一样，一种会计报告模式的形成也是由其服务的社会经济环境决定的。

传统的会计报告模式主要表现为定期的对外报告制度，最基本的对外会计报表是按月编报的资产负债表和损益表。传统会计报告的基本特征是：

1.信息内容高度综合

在传统会计报表中，无论是报表项目还是数据，都是按总括地反映企业经营成果和财务状况的要求设置的。大部分会计报表项目属于一级会计科目或若干个一级会计科目的组合，极少反映明细项目的信息内容，并且各报表项目反映的都是一个周期结束时的财务状况或汇总的经营成果，高度综合的报告信息有利于使用者直接利用信息，而无须再自行加工处理。

高度综合的会计报告信息是经过整个会计数据处理后产生的。在传统的会计信息系统中，编制会计报表是周期性会计数据处理程序中的最后一项工作。

从某种意义上讲，传统会计信息系统就是以编制会计报表为目标逐步展开的，会计数据处理过程就是会计信息内容不断综合的过程：从经济业务的发生到按照一定的会计要素（会计科目）进行分类和确认，从明细分类核算到汇总核算，整个会计数据处理过程就是会计信息不断汇总、要素项目不断综合的过程。

2.单一的计量手段

传统会计报表采用单一的货币计量手段。尽管在会计核算过程中，企业也采用货币以外的辅助计量手段，但由于会计报表是总括地反映企业一定时期的财务状况和经营成果，而具备不同项目间可汇总、可比较的计量手段只能是货币。

传统会计报表数据的产生是以历史成本为计价基础的。为了保证会计信息的客观性和社会财富分配的公正性，传统财务会计是以经济事项已经发生，并以实际发生的金额（历史成本）为计价基础。即使对无形资产也仅反映发生交易活动的那部分价值，而报表数据则是上述日常会计核算数据的延续和综合。因此，传统会计报告主要反映历史成本数据，它与报告日企业的实际价值不一定相符。

3.报表数据的配比特征

会计报表中的数据并不都直接来自当期发生的交易数据，有些是通过配比处理后产生的。配比的依据是费用和收入内在具有的关联性。由于并不是所有的费用都可在一个报告期内跟某收入相匹配。因此，在编制会计报表时，不能直接以交易事项的实际收付列报，而要先人为地进行一系列的配比处理后再列报。如损益表数据主要是在配比原则下产生的。在会计数据处理过程中，每到期末总要发生大量的非交易活动事项，如费用分配、折旧提取等，这些经济事项从某种意义上讲也可说是传统会计报告模式的产物。

4.信息格式标准统一

传统会计报告模式隐含着一个重要的前提，就是假设会计信息使用者对会计信息的需求是已知的，且是相同的。并以此设计了统一的报表格式和标准的数据生成规则。报表的统一性和标准性主要是通过会计准则、会计制度来规范。当然，报表格式内容也可变更，实际上也经常在变更。但这种变更是在预先设计情况下的统一变更，而不是使用者获取信息过程中的随机变更。

由于信息格式是标准统一的，这为使用者比较会计信息（包括不同企业间比较、同一企业前后期比较）提供了方便。这是传统会计报告模式的主要优点之一。

5.会计报表以书面形式定期发布

根据传统会计的分期假设，为了定期总结企业的经营成果和财务状况，需要人为地将企业经营时间分割为一个个等长的时间段，如月、年，这就是会计报告期。传统会计报告模式就是按会计报告期编制会计报表，并以书面形式向投资者等会计信息使用者发送。对于上市公司的会计报表则还需在指定的报纸等大众媒介上发布。

（二）传统会计报告模式的局限性

传统的会计报告模式是在一定的社会经济环境和技术条件下形成的。一方面，在传统的工业经济社会里，社会经济尚不复杂，市场风险还较小。在所有权和经营权分离的情况下，传统会计报告的重要目标之一就是客观地反映经营责任。而定期的历史性会计信息基本能真实反映企业的财务状况和经营成果，能满足使用者对信息的需求；另一方面，受成本—效益原则的约束，在传统的手工操作条件下，要频繁地发布会计信息，也受到信息加工和传递能力的限制，尤其对上市公司来说，即使每月发布一次会计信息都存在实际困难。传统会计报告模式就是上述环境条件下的客观产物。

近几十年来，随着社会经济的迅速发展，市场竞争日趋激烈，经营风险不断提高，会计信息使用者不仅需要了解客观的历史数据，更关心企业的发展前景、经营风险和财务风险等企业的未来事项。以反映物质资产的历史成本为主的传统会计报告模式越来越暴露出它的局限性。传统会计报告模式的局限性主要表现在以下几方面：

1.无法满足多样化的信息需求

传统会计报告模式提供的是经过浓缩处理的统一的财务信息，它无法考虑不同信息使用者的不同需求。随着社会经济的日益复杂，企业组成形式及其在社会和市场竞争中的地位不断发生变化，企业内外出现大量不同的会计信息使用者，除了直接的投资者、债权人外，还包括政府部门、顾客、合作伙伴、社会部门等等。不同使用者的信息需求存在较大差异，为了满足他们特殊的信息需求，不得不求助于其他信息来源，或对已有信息进行重新加工。

2.无法反映非货币信息

传统会计报告模式主要反映以货币计量的历史成本数据，并且在会计报表中反映的绝大部分是有形资产的会计信息。人力资源、无形资产、数字资产、衍生金融工具等信息目前还无法充分有效地进入传统的会计报告体系中，这大大削弱了会计信息的决策有用性。

3.容易人为调节报表数据

传统财务会计数据处理虽然是以发生交易事项为基础进行会计确认和计量的，但在期末，为了合理地反映收入与费用的关系，以及报告期的经营管理成果，根据配比原则，企业要进行大量的调整和转账处理。由于这种转账和配比处理带有主观性，因而给各种有目的的人为调节报表数据提供了途径。会计信息失真已成为传统会计报告模式的一大问题。

4.报告信息严重滞后

在传统会计报告模式下，最短的报告周期是一个月。股份上市公司对外报告一般分中报和年报发布两次，其中年报是真正经过审计确认的报告。较长的报告周期为企业进行各种幕后交易创造了时间条件。如在我国的上市公司中，资产重组、关联交易现象一般多发生于年底编报前。传统会计报告模式不但报告周期长，而且报告信息严重滞后，如我国的上市公司，中报和年报往往要在报告日后几个月才能发布，严重影响了信息的及时性。

针对传统会计报告模式的上述局限性，国内外会计界对会计报告模式的改进进行了广泛的研究。美国注册会计师协会于1994年发布名为《改进企业报告》（Improving Business Report）的研究报告，该研究报告内容涉及企业报告、分部报告、衍生金融工具报告等报告模式，以及财务信息和非财务信息等信息类型。它的发表对改进传统会计报告模式的理论与实务产生了重大影响。

会计界除了对改进传统会计报告模式进行研究外，也对建立全新的会计报告模式进行了探索。最著名的当属美国会计学家索特（Sorter）在1969年提出的"事项会计"（Events Accounting）理论以及相应的事项会计报告模式。索特认为，传统的会计报告模式是一种价值报告模式，经济事项必须是能够用货币计量的交易事项，并且在对事项数据进行分类、确认、计量、汇总过程中，一些使用者真正需要的信息被遗失了。而在事项会计报告模式下，经济事项不仅包括货币表示的交易事项，也包括与决策相关的非货币计量的经济事项。经济事项发生后，即形成标准的源数据项进入数据库，会计报告不是在对原始数据进行一系列固定程序的分类、汇总后产生，而是根据决策者的不同需求直接从源数据库中生成。

尽管会计界对会计报告模式进行了不断地研究和探索，并在实务中不断得到了改进，但传统会计报告模式的基本特征仍没有改变。造成这种情况的原因是多方面的，信息加工和传递技术的限制是重要因素。网络信息技术应用的不断深入与普及为会计报告模式的变革创造了物质条件。

二、互联网技术与会计报告模式的变革

互联网技术已不同于过去纯粹的计算机信息处理技术，它正在影响整个社会结构，创造新的经济模式。因此，互联网技术给会计报告模式带来的影响不仅表现在报告技术的进步上，更深远的影响还在于基于互联网的社会经济结构对会计信息提出的新要求。

（一）网络社会的会计信息需求

经济环境的改变，不断地对会计信息系统提出新的信息需求。在会计发展史上这种进程一直没有停止过，尤其是近几十年来，这种进程有不断加速的趋势。由于互联网信息技术对社会经济结构的冲击已远远超越了局部或技术性影响的范畴，事实上，它正在推动着工业经济社会向数字经济社会的发展。因此，我们不能简单地用纯技术观来看待网络技术对传统会计报告模式的影响。

1.数字经济产业对传统会计报告模式的影响

以信息网络技术为核心的数字经济的兴起与发展，正在催生信息技术、信息产业等一大批新产业的诞生，同时也促进了传统产业的转型，新的财富创造方式和经济增长方式正在形成。

由于传统会计报告以反映历史成本计价的有形资产为主，是以物质生产为主的工业经济社会的产物。对新兴产业来说，传统的会计信息已很难真实反映一个企业的价值，企业会计账面价值与市场价值的背离越来越明显，会计信息的相关性正在消失。

面对新兴的产业，未来会计报告模式需要从有形资产揭示扩展到数字资产揭示、无形资产揭示等领域；从货币计量扩展到各种非货币计量领域；从历史成本计价扩展到评估计价、公允价值计价等多种计价模式，使其不仅能反映过去的价值，同时也能反映现在甚至将来的价值。

2.企业竞争方式改变对传统会计报告模式的影响

建立在信息网络技术之上的虚拟企业等企业组织形式，正在替代传统的企业兼并方式，成为增强企业竞争优势的主要手段。企业越来越把竞争的精力集中在自己的核心技术上，同时利用互联网络跟某些方面比自己更具竞争优势的企业建立合作关系。目前企业间建立价值链型虚拟企业和联盟型虚拟企业，实现业务相互渗透、资源优势组合，以获取长期竞争优势已成为世界潮流。

虚拟企业不同于传统的企业集团，虚拟企业内的各实体企业是完全独立的会计主体，它可能是虚拟企业业务功能上的一部分，也可能是部分参与虚拟企

业某业务功能的运作。传统的会计报告模式（包括合并报告模式）既无法满足虚拟企业管理和控制的需要，也无法满足各实体企业会计信息揭示的需要。

面对全新的企业组织形式和竞争方式，未来的会计报告需从单一报表体系向分部报告、专项报告等多元化报告体系转变；从单一主体的会计信息揭示扩展到业务关联方范围内的信息揭示；从定期的财务信息揭示扩展到以业务事项及其完成的周期为基础的事项信息（包括大量非财务信息）实时揭示领域。

3.企业生产经营方式改变对传统会计报告模式的影响

以信息网络技术为基础的电子商务正在改变企业传统的生产方式和经营管理模式。传统的大批量标准化生产方式开始向以顾客为中心的敏捷制造方式转变；传统的以产品为中心的生产管理模式开始向以"零库存"为目标的实时生产系统和作业管理模式转变。生产方式和管理模式的改变，一方面需要有全面实施的生产管理信息的支持；另一方面，本身也在实时产生大量的生产经营信息，要求实时记录和报告。因此，以事后记录历史成本信息为特征的传统核算体系及其产生的会计信息已无法适应网络时代企业生产经营管理的需要。企业要根据新的生产和管理过程，按照企业再造原理，分作业或事项重新定义信息结构和内容，并运用数据库技术进行标准化存贮，以满足企业内外全方位的信息需求。

（二）网络社会的会计报告技术

信息网络技术不仅改变了传统经济的结构和模式，并引发了社会对会计信息新的需求；同时也为会计报告模式的变革和创新准备了前所未有的技术条件。

1.会计报告载体技术的变革

在手工会计信息系统中，会计数据从产生、记录到制证、登账、编报、报送及信息发布都是借助于纸张为信息载体。纸介质信息载体具有不可再分类、再加工的特征，如要对信息进行进一步的分类、汇总等处理，必须在新的纸介质上进行处理和记录。即使在计算机会计信息系统中，会计报表一旦打印输出，汇总单位、发布单位均需对报告内容进行重新输入。因此，纸介质是一种按部就班进行数据处理的信息载体技术。在纸介质技术条件下，要实时发布会计报告是很困难的。

计算机信息技术的出现及在会计中的应用，给传统会计信息系统带来了全新的信息载体技术。磁介质、光电介质等新的信息载体技术替代了纸介质成为会计信息新载体。计算机信息载体不仅数据存储量大，而且特别适宜于信息的再加工处理。计算机系统可对其存贮介质上的数据进行极其快速的分类、汇总、再分类、再汇总、传送、转存等数据处理工作。计算机信息载体技术是现代信息技术不可分割的组成部分，它的技术进步也是计算机信息技术进步的重要特征之一。

2.会计报告处理技术的进步

在传统会计系统中，会计报告是人工编制的，人工数据处理速度缓慢，而且人工也很难直接从业务数据中计算、汇总、编制会计报表。因此，传统会计报表只能定期提供；并且为了便于编报，整个会计数据处理过程的组织具有明显的以会计报表为目标，从明细数据到综合数据的分类、汇总、再分类、再汇总的特征。

计算机系统具有强大的数据分类、计算功能，而且随着计算机信息技术的不断进步（实际上是当代技术进步最快的一个行业），计算机系统体积越来越小，速度越来越快。计算机技术的引入，大大提高了会计数据处理的速度和准确性。只要会计数据进入计算机系统，即可随时产生会计报告内容。传统会计报告模式中，受计算能力限制而产生的种种特征均失去存在的基础。

计算机系统强大的数据分类和计算功能也为会计报告模式的创新创造了条件。受人工操作能力的限制，传统会计报告是以预先确定信息需求为前提，通过一个报告期的层层处理和汇总，最后形成报表。传统报表处理模式上表现为一个周期、内容上表现为一个过程的定期性和通用性是它最显著的特征。现在，只要我们建立了具有标准编码结构的原始数据库，借助计算机系统强大的数据分类和计算功能，随时可以组合产生特定需要的会计报告。现代信息处理技术为会计报告模式的创新准备了物质条件。

3.会计报告传输技术的进步

在手工会计系统中，会计报告的传送是通过书面形式的人工传送或邮寄实现的。对上市公司发布的公开会计报表一般通过报纸等媒介发布传送。在计算机应用早期，由于磁介质信息载体在数据再加工方面的巨大优势，在会计报告传输的局部环节中也采用通过软盘传送的方式。

计算机通信技术的出现，尤其是互联网技术的出现和广泛应用为会计报告的传输提供了前所未有的手段。会计报告传输和发布的时空限制将不复存在，通过互联网发布会计报告将逐渐成为主流渠道。

信息载体技术、计算机处理技术和网络传输技术的同时应用，为建立面向所有会计信息使用者的实时报告系统创造了条件。

（三）实时会计报告对传统会计理论与实务的影响

会计报告模式的变革不仅是报告技术的进步，还涉及体系结构的变革。由于会计报告是整个财务会计系统的有机组成部分。因此，会计报告模式的变革不可能是孤立的，必然影响到整个会计理论和实务体系。

1.对会计目标理论的影响

提供会计信息是会计的基本目标，会计应提供什么样的信息？理论界有两个代表性的流派。一派是受托责任学派，一派是决策有用学派。

传统财务会计的目标主要是建立在受托责任基础上的，即资源的受托方接受委托，管理委托方交付的资源，同时承担如实向资源委托方报告其受托责任的履行过程与结果的义务。传统会计报告着重为投资者和债权人提供管理人员经管责任的会计信息，内容以反映客观事实的历史数据为主。

实时会计报告模式是适应于网络经济及其技术环境的会计信息需求模式。实时会计报告系统将大大扩展会计信息的需求范围和内容。会计的目标不再停留在反映历史数据的经管责任信息上，它将更多考虑决策相关的信息，包括不确定的未来信息、风险信息，各类非财务信息，同时更多地考虑企业内部管理的信息需求。

2.对会计假设理论的影响

传统会计理论与实务是建立在一系列的会计假设基础上的。传统会计报告模式也是这些假设的产物。网络经济社会及其实时报告模式的出现，使传统会计假设理论的存在基础面临挑战。

如，会计主体假设是对会计报告的空间范围所做的规定，但在网络经济时代，企业的空间范围比传统企业更具不确定性。在电子商社等虚拟企业内，一方面，它表现为不同实体企业（包括实体企业的分割部分）的联合，各企业具有不同的会计报告主体；另一方面，虚拟企业作为业务功能完整的经济组织，也存在着自身的会计信息需求，至少存在着管理控制上的信息需求。因此，传统单一的会计主体假设已不能解释网络时代的经济问题。同样，对虚拟企业来说，由于其经营的时间、范围、对象的可变性，传统会计的持续经营假设也面临挑战。

又如，会计分期假设是对企业生产经营活动的人为分割，定期会计报告就是建立在会计分期假设基础上的。会计实时报告模式实际上否定了会计分期假设的存在基础。

再如，以历史成本为基础的货币计量假设，在网络时代以事项信息为基础的多样化会计信息需求面前，也已失去存在的基础。

3.对会计要素理论的影响

传统会计信息系统及其会计报告模式是建立在预先明确会计信息需求基础上的，这种信息需求被标准化地固定在统一的会计报表中。为了能在经过一定的会计数据处理后最后形成会计报表数据，会计报表的项目分类也就成了会计核算过程的项目分类。这种分类项目我们称之为会计要素。由于信息需求是确定的，因此，会计要素分类也是确定的。传统会计把要素固定地分为资产、负债、权益、收入、费用、利润等几大类。

实时会计报告系统是建立在多样化的信息需求基础上的，预先明确数据分类及其处理程序的会计核算与报告模式失去了存在的必要。相应地，传统的会计要素划分也面临挑战。进一步划细要素项目，以全方位反映企业生产经营过程和事项的即时信息将是发展趋势。

4.对审计的影响

自动化、无纸化的实时会计报告模式也改变了传统的审计环境。传统的审计理论与实务将面临以下问题：一是无纸化审计问题。由于传统书面资料形式的审计线索变得残缺不全，用传统的审计方法很难对经济事项及其处理进行跟踪，审计人员必须学会在网上利用数字形式提供的审计线索进行审计；二是审计对象问题。由于会计报告是利用计算机强大的分类计算功能随机、实时、多样化地产生，因此，审计的重心需要从对综合性统一报表的审计转移到对原始事项数据的审计上；三是实时审计问题。由于原始数据、会计报告都是实时产生的，因此，最全面完整的审计就是对原始数据进行网上实时审计。

第五章　新经济形势下财务管理信息化

第一节　会计核算与报表合并信息化

一、会计电算化

20世纪80年代，伴随着中国企业体制改革和会计体制改革，会计电算化出现并发展起来。会计电算化的模式是中国企业手工核算模式的简单模拟，所以会计电算化的发展也有中国特色。

1.会计电算化的主要内容

会计基础数据管理；总账管理；固定资产及折旧；存货管理；应收应付管理；现金（银行）日记账。财务会计核算系统如图5-1所示。

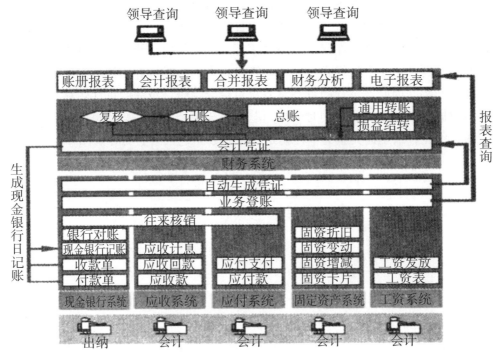

图5-1财务会计核算系统示意图

2.系统处理流程

系统处理流程如图5-2所示。

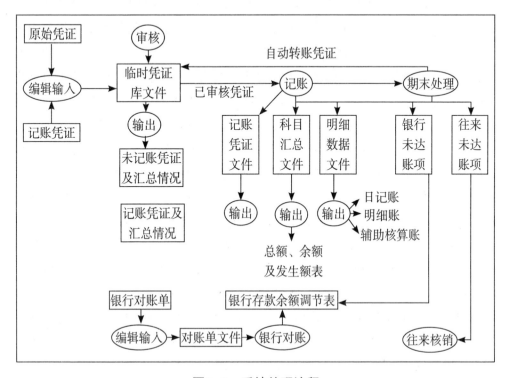

图5-2 系统处理流程

3.系统的核心功能

（1）总账模块是会计电算化系统的核心模块，账务系统包含账套及其操作人员的权限管理；会计科目和辅助核算如往来单位、部门、职员、项目、同级等的增加、修改、设置等属性管理；各种会计凭证的增加、修改、删除、复核、记账等业务处理；账册查询、预算管理、期末结账等业务；自动进行通用转账和损益结转、收支结转管理；数据的"导入导出"管理（包括自动导入、批量导入）；数据备份恢复管理等功能。

（2）会计科目设置实现动态科目级次；无论科目是否具有起初或发生数据，系统均提供科目拆分和科目合并功能，并自动对相关数据进行调整；支持多币种核算、数量核算；对一个科目可以同时提供单位、部门、职员、统计、项目五种辅助核算，结合科目的编码分配，实际上极大扩充了科目的辅助核算数量；提供科目成批复制功能，可以使用数字和字母两种形式定义科目编码。

（3）凭证管理可以通过凭证模板设计凭证录入、打印格式，对于金额数据可以语音报数；凭证输入时提供智能计算器，可直接在借贷方金额栏目内输入数字和运算符，系统自动进行计算并将计算结果直接填入当前栏目；摘要和科目在给定的宽度打印不下时，将自动缩小变成多行，打印输出时还可自动进行缩放打印；系统提供凭证冲销功能，可以自动生成冲销凭证；可以对凭证进行编号查询；提供分录复制、凭证复制、样板凭证功能，方便用户快速录入；支持审核时对错误凭证的标记功能；输入凭证时往来科目可立即进行往来核销；现金或现金等价物科目可直接进行现金流量分配；对于系统自动生成的凭证（如工资凭证、固资凭证、采购销售库存凭证等）可直接查看相应的业务资料；支持凭证批量复核和批量记账功能；支持凭证分册的功能。

（4）通用转账系统还提供了通用转账功能，可以根据自己的业务模型定义转账公式，自动生成通用转账凭证。公式取数范围涉及所有业务，包括总账、明细账、应收账、应付账、现金银行、工资、固资等，甚至可以直接从金算盘的电子表格文件中提取数据自动生成凭证，这样就可以自动处理一些综合费用的归集、分摊等工作；在设置公式时可以任意设置条件，确定数据类型（金额或数量）、币别；公式可以任意进行组合；系统可以自动判断公式的合法性，减少可能发生的错误。

（5）期末结账系统提供向导进行期末结账，具有财务系统独立结账能力，自动提供结账报告，其中包括资产、负债及所有者权益的总数，经营结果，记账凭证情况，自动检查凭证编号是否连续、自动检查期末是否计提折旧、自动检查期末是否结汇（有外币核算时）、自动检查是否进行损益结转、自动进行数据备份。

（6）现金/银行管理系统支持多货币，统一处理有关货币资金的收款、付款业务，能自动生成收支凭证，定期进行银行对账，同时还提供了对企业票据的管理。系统预制了收付款汇总/明细表、现金/银行日记账、已领用未报销票据明细表、银行对账单等。

（7）应收应付是企业控制资金流的主要环节，同时也是维护企业信誉，保证企业低成本采购的一个有力手段。应收应付款管理主要处理应收应付业务，通过向导指导用户利用已有的各种应收应付单据生成往来凭证，包括应收账款、应付账款、其他应收款、其他应付款、应收账款计息等。

（8）工资管理主要处理员工的工资计算、工资发放、代扣个人所得税、费用计提、统计分析等业务，提供各种工资报表。

（9）固定资产主要处理固定资产的增减变动核算、固定资产的折旧计提以及登记固定资产卡片等业务。固定资产管理提供固定资产批量变动，对批量录入的数据批量生成变动卡片，提供各种固定资产账册和报表。

4.手工会计核算与信息化会计核算的区别

（1）数据处理的起点和终点不同。在手工环境下，会计业务的处理起点为原始会计凭证；在IT环境下，会计业务的处理起点可以是记账凭证、原始凭证或机制凭证。

（2）数据处理方式不同。在手工环境下，记账凭证由不同财会人员按照选定的会计核算组织程序分别登记到不同的账簿中，完成数据处理；在IT环境下，数据间的运算与归集由计算机自动完成。

（3）数据存储方式不同。手工环境下，会计数据存储在凭证、日记账、明细账等纸张中；在IT环境下，会计数据存储在数据库中，需要时通过查询或打印机输出。

（4）对账方式不同。在手工环境下，财会人员定期将总分类账、日记账与明细账中的数据进行核对；在IT环境下，总账子系统采用预先编制好的记账程序自动、准确地完成记账过程，明细与汇总数据同时产生，并核对。

（5）会计资料的查询统计方式不同。在手工环境下，财会人员为编制急需的数据统计表，要付出很多劳动；在IT环境下，财会人员只需要通过查询功能便能快速完成查询统计工作。

二、财务业务一体化

财务业务一体化是会计电算化发展的必然阶段，是20世纪90年代国内财务软件厂商提出的一个概念，也是中国财务软件行业特有的一个概念。财务业务一体化的实质是ERP或MRPII，也就是说信息系统中业务模块的数据要能传递到财务模块中，自动生成相关的会计凭证，这样就大大提高了会计工作的效率，节省了大量的会计人员的工作。这个概念在国外传统的MRP和ERP理论中有一个基本要求。财务业务一体化的概念代表了国内财务软件的发展方向，在当时，国内财务软件厂商纷纷开发进销存等业务模块。目前，国内财务软件厂商的ERP转型之路仍然在继续。

国外成熟ERP厂商的业务模块和财务模块都进行了非常紧密的集成，业务模块数据发生后，自动在财务模块上生成财务凭证，并且多数情况下财务模块的数据不能进行调整，数据的调整必须从业务模块开始。

（1）财务管理的结构

财务管理的结构如图5-3所示。

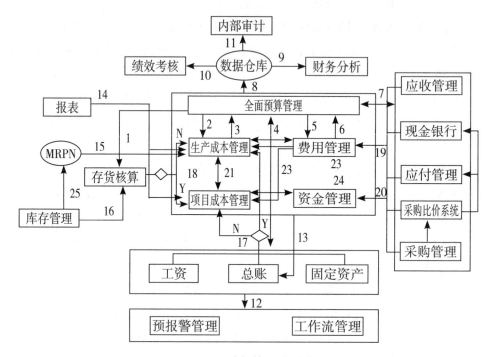

图5-3　财务管理的结构

（2）业务与财务一体化的系统结构

业务与财务一体化的系统结构如图5-4所示。

（3）财务业务一体化的处理流程

财务业务一体化的处理流程如图5-5所示。

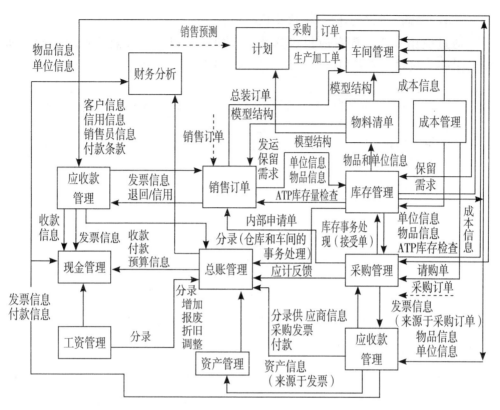

图5-4　业务与财务一体化的系统结构

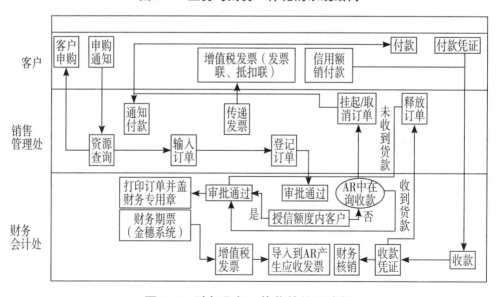

图5-5　财务业务一体化的处理流程

（4）采购、库存、应付账款及总账模块

通过应用采购、库存应付账款及总账模块可以快捷高效地处理请购、询价、采购、接收入库及付款等工作。如图5-6所示。

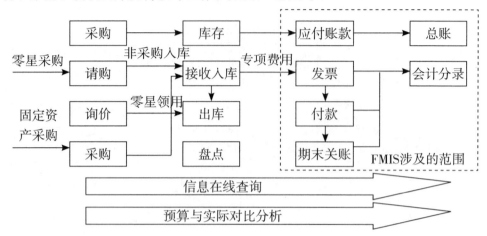

图5-6 采购、库存、应付账款及总账模块

（5）应付账款模块与固定资产管理模块

应付账款模块与固定资产管理模块如图5-7所示。

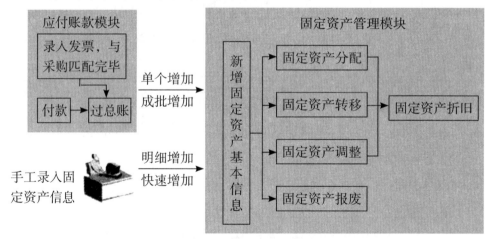

图5-7 应付账款模块与固定资产管理模块

三、会计集中核算

1.会计集中核算的模式

会计集中核算的模式如图5-8所示。

应用模式	信息管理系统部署	管理需求	集团管理特点
集中应用（在线式）	一套软件　主数据库　在线操作	实时监控：将业务发生的数据实时进入到主数据库中，以支持对业务过程的监控	适用具有以下特点的集团：集团内部核心资源集中调配和监控，如资金、人力资源、关键设备、关键物料等，销售政策、会计政策等基础规范集中制定、统一执行
集中应用（离线式）	一套软件　主数据库　离线端　增量传送	周期性监控：将业务发生的数据定期传送到主数据库，支持对业务过程和结果的监控	适用具有以下特点的集团：集团内部主要业务、核心业务集中管理，具体业务在下属单位分散执行，集团只做集中监控
分步应用（数据复制）	多套软件　主数据库　数据库　数据复制		
分步应用（报表汇总）	多套软件　主数据库　数据库　报表采集数据	周期性考核评价：将业务发生的数据保留在本地，定期、不定期通过报表或数据仓库采集相关指标数据，以支持对经营成果的考核评价	适用具有以下特点的集团：集团内部其他业务在下属单位分散管理、分散执行，结果上报集团
分步应用（数据仓库）	多套软件　主数据库　数据库　数据仓库采集数据		
混合应用模式	多套软件　主数据库　离线端　数据库	满足多种集中管理需求	适用于具有以上综合管理特点的集团公司

图5-8　会计集中核算的模式

2.会计集中核算的框架

（1）总账管理框架

总账管理框架如图5-9所示。

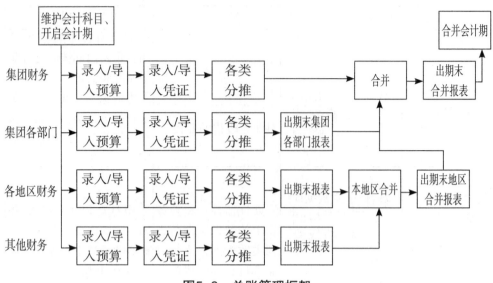

图5-9　总账管理框架

（2）业务框架

会计集中核算的业务框架如图5-10所示。

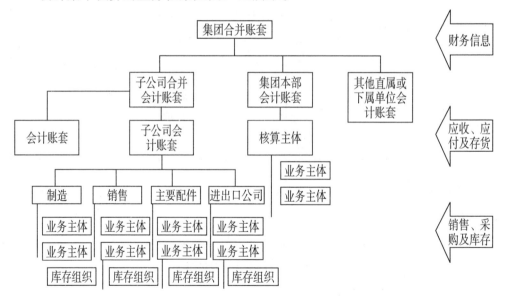

图5-10　业务框架

业务框架的关键点：

多公司、多行业、多组织会计。

财务对业务的实时监控。

财务系统与业务系统数据的共享与安全。

各核算主体财务数据的共享与安全。

科目结构能满足各层级单位的需求。

集团总部与各成员公司的远程数据传递如图5-11所示。

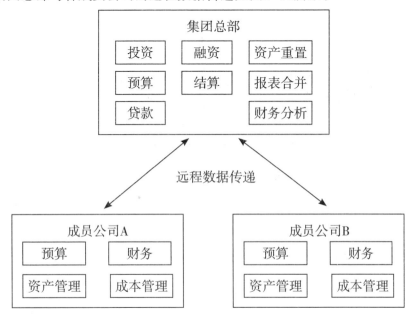

5-11　集团总部与各成员公司的远程数据传递

财务信息系统进一步促进了财务管理集权和分权模式的发展。如图5-12所示。

3.信息化会计核算系统的价值

信息化会计核算系统的价值如图5-13所示。

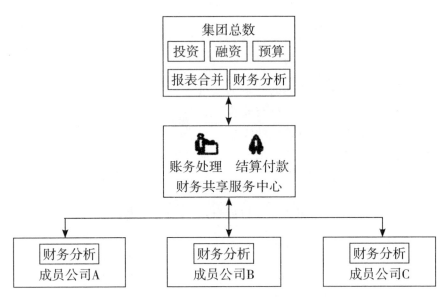

图5-12　集团总部与各成员公司的集权和分权模式

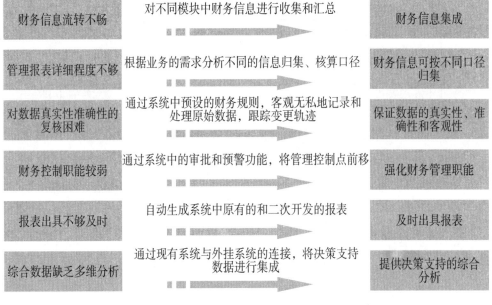

图5-13　信息化会计核算系统的价值

四、报表合并的挑战

合并财务报表作为集团企业规定编制的正式会计报表，是反映企业集团整体财务状况、经营成果和现金流量的财务报表，也是投资者判断企业集团投资价值的重要依据之一。从20世纪80年代起，合并财务报表就被称为财务会计的难题之一。

1.财务报表合并的主要过程

企业集团合并财务报表是把以母公司和子公司组成的企业集团视为一个单独的会计主体，以母公司和子公司单独编制的个别会计报表为基础，由母公司编制的综合反映企业集团财务状况、经营成果和现金流量的会计报表。

集团企业财务报表合并的过程如图5-14所示。

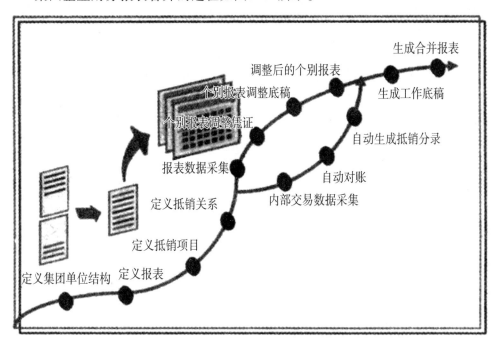

图5-14　集团企业财务报表合并过程图

报表合并过程主要可分为建模、数据收集、对账调整、发布披露四个环节。

建模阶段是根据集团管理特点和披露要求制定报表合并的组织结构，定义报表模板，需要抵销的项目，以及合并过程中的相关计算关系。

数据收集阶段，需自下而上地报送各级子公司的个别报表数据和用于合并抵销或满足管理、披露要求的明细数据，这一阶段是决定报表合并过程的质量和效率的重要阶段，也是报表合并过程控制的重要阶段。

对账和调整环节主要是针对报表合并过程的数据校验和手工调整，这一过程必须留下可审计的调整痕迹，是报表合并过程的控制重点环节。

发布披露环节是指将报表合并的结果对内或对外发布输出，使用者可以对报表进行打印、查询和分析工作。

2.合并财务报表面临的四大问题

（1）集团各下属公司手工处理合并报表标准不统一，财务人员水平存在差异

集团公司各实体分别编制各自报表，报表格式、内容、统计口径以及抵消规则等的不统一给财务合并和分析工作带来多种不便，部分合并实体财务人员的企业合并报表的编制能力还不够。

（2）集团合并工作量大，耗时费力

集团下属公司数量众多，如果拥有国内、海外上市公司，财务信息披露的质量要求和频率高；需要同时满足国际和国内多套不同的会计准则。

（3）传统报表及分析工具（Excel）的功能不够强大并且难以追溯

财务人员通过Excel方式进行报表合并（包括格式检查、逻辑检查、准确性检查、分析性检查、准则调整、审计口径调整、汇率转换、合并汇总）需要耗费大量的时间和精力；传统的Excel报表是文件式存储数据，导致公司对历史信息的比较与查询十分困难。

（4）分析资源利用不尽合理

由于报表分析人员投入大量时间进行数据整理和报表制作，使得真正对报表进行分析的时间少之又少。

3.财务报表工作有四个目标

（1）规范化

规范统一集团会计科目；规范统一集团法定合并和事业部合并方法和流程，实现合并的自动化；逐步实现集团财务作为对内对外财务信息的发布中心。

（2）透明化

实现财务数据的共享整合，初步消除集团层面财务信息孤岛，提高财务数据的透明程度；提高数据的利用程度，使用同一套数据产生不同角度的决策信息以满足不同使用者的需求；实现对报表信息的查询和利用。

（3）全球化

推动集团财务的整体管理，进而加强对子公司、合资公司，尤其是海外公司的财务管理；满足集团股权、法人架构和管理架构不断变化的要求；支持多准则的合并。

（4）实时化

提高信息传输和反馈的效率、缩短合并周期，为管理决策提供及时准确的财务信息。

第二节　财务分析信息化

一、财务分析的目的

企业管理者要对企业运营中的各项活动以及企业的经营成果和财务状况进行有效的管理与控制，财务分析是一个必不可少的工具。财务分析可以帮助企业管理者加深对企业运营状况的了解，减少判断的不确定性，从而增加决策的科学性。

相对于企业外部人员来讲，譬如债权人、客户或投资者等，企业管理者拥有更多了解企业的信息渠道和监控企业的方式方法，但是财务信息仍然是一个十分重要的信息来源，财务分析仍然是一种非常重要的监控方法。特别是与外部分析主体相比，企业管理者作为企业内部的分析主体，所掌握的财务信息更加全面，并能够与企业运营中的非财务信息相结合，因此，企业管理者所进行的财务分析更加深入，财务分析的目的也就更加多样化。

（1）企业管理者对企业的日常经营活动进行管理，就需要通过财务分析及时地发现企业经营中的问题，并找出对策，以适应瞬息万变的经营环境。

（2）企业管理者还要通过财务分析，全面掌握企业的财务状况、经营成果和现金流量状况等，从而做出科学的筹资、投资等重大决策。

（3）企业管理者为了提高企业内部的活力和企业整体的效益，还需要借助财务分析对企业内部的各个部门和员工等进行业绩考评，并为今后的生产经营编制科学的预算。

二、财务分析的内容

财务分析的内容与财务分析的目的有着密切的关系。分析目的不同，分析内容的侧重点也会有差别。通常来说，财务分析有如下一些内容。

（一）偿债能力分析

偿债能力包括短期偿债能力和长期偿债能力。短期偿债能力一般与企业的流动性相关。流动性是指企业资源满足短期现金需要的能力。企业的短期现金需要通常包括支付日常生产经营开支的需要和偿还短期债务的需要。企业的流动性越强，日常支付能力和短期偿债能力就越强，企业的日常生产经营就越顺畅，短期债务就越安全。企业的流动性与短期偿债能力直接关系着企业的短期经营安全和短期债务安全，而安全是企业生存和发展的前提。因此，不仅短期债权人会重视对企业流动性与短期偿债能力的分析，企业管理者、股权投资者等都会关注对企业流动性和短期偿债能力的分析。

长期偿债能力一般与财务风险相关。狭义的财务风险又叫筹资风险，是指企业与筹资活动有关的风险，也就是企业债务偿还的不确定性。因此，企业的财务风险与长期的偿债能力密不可分。如果企业不能如期偿还到期的长期债务，必然会影响企业的长期投资安排和经营活动。企业的财务风险和长期偿债能力直接关系着企业的长期经营安全和长期债务安全。而我们知道，风险与报酬存在着同增同减的关系。企业如何通过资本结构和财务杠杆的安排，使风险与报酬达到最佳的平衡，就成为长期债权人、企业管理者以及股权投资者等分析主体关注的问题。

（二）营运能力分析

资产是能为企业带来未来经济利益的经济资源，同时又是对负债和所有者权益的保障。因此，企业的资产管理水平直接影响着企业获取经济利益的能力以及企业资本的安全。资产管理主要包括资产结构管理和资产效率管理等内容。对企业的资产利用效率通常称为营运能力。

企业的资产管理水平与营运能力从深层次影响着企业的安全性和营利性，因而是企业债权人、股权投资者和管理者等分析主体都应当关注的内容。

（三）盈利能力分析

投资报酬是反映投入产出关系的指标，它指投入的资金所获得的报酬。由于投入资金有不同的范畴，而报酬有不同的层次，因此投资报酬有不同的具体含义。直接影响投入报酬的是企业的盈利能力。在投资规模一定的情况下，企业获取利润的能力越强，投资报酬就应当越高。

盈利能力的高低首先体现为收入与成本相抵后的会计收益上，因此通过分析企业的营业收入，可以了解企业盈利能力的稳定性和持续性；在资料许可的情况下，可以对企业的成本费用进行本—量—利分析和成本费用分析等。本—量—利分析能够找出企业利润的关键影响因素，成本费用分析则能够为企业从内部挖掘利润潜力找到方向。

丰厚而稳定的利润不仅是投资报酬和盈利能力的体现，也是企业偿还债务的保障。一个不能盈利的企业是没有真正的安全可言的。因此，包括股权投资者、企业管理者和债权人等在内的众多分析主体对投资报酬与盈利能力都十分关注。可以说，投资报酬与盈利能力分析是现代财务分析中最为重要的内容。

（四）其他能力分析

传统的财务分析是从静态角度出发分析企业的财务状况和经营成果，只强调偿债能力、盈利能力和营运能力的分析。面对日益激烈的市场竞争，静态的财务分析是不够全面的。首先，企业价值主要取决于未来的获利能力以及竞争能力，取决于企业销售收入、收益以及股利在未来的增长、企业在市场中的竞争地位和竞争能力，而不是目前或者过去所取得的收益情况。其次，增强企业的盈利能力、资产营运效率和偿债能力，都是为了未来的生存和发展的需要，是为了提高企业的发展和竞争能力。所以要全面衡量一个企业的价值，不仅要从静态角度分析其经营能力，还应从动态角度出发分析和预测企业发展能力、竞争能力以及防范风险能力。

（五）综合分析

综合分析就是对企业的各个方面进行系统、全面的分析，从而对企业的财务状况和经营成果做出整体的评价与判断。由于企业是一个不可分割的主体，各个方面有着千丝万缕的联系，因此各分析主体在对上述相关内容进行侧重分析后，还应将这些内容融合起来，对企业的总体状况做一定的了解。尤其对企业管理者而言，要关注企业的生存与发展，就必须全面把握企业的方方面面，并找到其间的各种关联，以为企业管理指明方向。最为经典的企业财务综合分析方法是杜邦公司开发的杜邦分析体系。

要提请注意的是，在进行综合分析时，要注意财务分析与非财务分析的结合，结果指标和驱动指标的结合。

三、财务分析方法

（一）趋势分析法

趋势分析法是将企业连续几个期间的财务数据进行对比，以查看相关项目变动情况，得出企业财务状况和经营成果变化趋势的一种分析方法。趋势分析法有助于预测企业未来的财务状况和经营成果。

（二）结构分析法

结构分析法是将相关项目金额与同期相应的合计金额、总计金额或特定项目金额进行对比，以查看相关项目的结构百分比，得出企业各项结构的一种分析方法。

结构分析法通常运用到会计报表的分析中。在对会计报表进行结构分析时，各个报表项目以结构百分比列示。这种以各项目的结构百分比列示的会计报表称为结构百分比会计报表，因此，结构分析又常常被称作结构百分比会计报表分析。

（三）比率分析法

比率分析法就是指将相关的财务项目进行对比，计算出具有特定经济意义的相对财务比率，据以评价企业财务状况和经营成果的一种分析方法。常见的财务比率有趋势比率、构成比率、效率比率和相关比率。

趋势比率是反映某个经济项目的不同期间数据之间关系的财务比率，如当期净利润与上期净利润相除得到的比率、当期资产总额与五年以前的资产总额相除得到的比率，等等。

构成比率是反映某个经济项目的各组成部分与总体之间关系的财务比率，如流动资产除以总资产得到的比率、流动负债除以总负债得到的比率，等等。

效率比率是反映投入与产出关系的财务比率，如净利润除以平均股东权益得到的比率、净利润除以费用总额得到的比率，等等。

相关比率指的是除趋势比率、构成比率和效率比率之外的反映两个相关项目之间关系的财务比率，如流动资产与流动负债相除得到的比率、主营业务收入与平均资产总额相除得到的比率，等等。

需要注意的是，比率分析法中运用的财务比率并不是固定不变的。选取什么样的项目来计算财务比率，关键在于其经济意义和分析主体的分析目的。只要两个项目相除计算出的相对数具有一定的经济意义并能够实现分析主体的分析目的，这个相对数就是一个有价值的财务比率。因此，对财务比率，不仅仅要会计算，更重要的是能够解释，即通过计算出的比率反映一定的情况、说明一定的问题。

（四）比较分析法

比较分析法是将相关数据进行比较，揭示差异并寻找差异原因的分析方法。要评判优劣就必须经过比较，要比较就必须有比较的标准。比较的标准也就是跟什么相比。常见的比较标准有历史标准、行业标准、预算标准、经验标准等。

四、财务分析程序

财务分析是一项比较复杂的工作，必须按科学的程序进行，才能保证分析的效率和效果。财务分析的基本程序包括以下几个步骤。

（一）明确分析目的

财务分析的目的是财务分析的出发点。只有明确了分析目的，才能决定分析范围的大小、搜集信息的内容和多少、分析方法的选用等一系列问题。所以，在财务分析中必须首先明确分析目的。

（二）确定分析范围

财务分析的内容很多，但并不是每一次财务分析都必须完成所有的内容。只有根据不同的分析目的确定不同的分析范围，才能提高财务分析的效率，也才能更好地符合成本效益原则。针对企业的哪个方面或哪些方面展开分析，分析的重点放在哪里，这些问题必须在开始搜集信息之前确定下来。

（三）搜集相关信息

明确分析目的、确定分析范围后，接下来就应有针对性地搜集相关信息。财务分析所依据的最主要的资料是以企业对外报出的会计报表及附注为代表的财务信息。除此以外，企业内部供产销各方面的有关资料以及企业外部的审计、市场、行业等方面的信息都可能与财务分析息息相关。财务分析中应搜集充分的信息，但并不是越多越好。搜集多少信息，搜集什么信息，应完全服从于分析的目的和范围。

对搜集到的相关信息，还应对其进行鉴别和整理。对不真实的信息要予以剔除，对不规范的信息要进行调整。

（四）选择分析方法

不同的财务分析方法各有特点，没有绝对的优劣之分，最适合分析目的、分析内容和所搜集信息的方法就是最好的方法。财务分析的目的不一样，财务分析的内容范围不相同，为财务分析所搜集的资料不一样，所选用的分析方法也会有所差别。在财务分析中，既可以选择某一种分析方法，也可以综合运用多种方法。

（五）得出分析结论

搜集到相关信息并选定分析方法之后，分析主体利用所选定的方法对相关信息进行细致的分析，对企业相关的经营成果和财务状况做出评判，为相应的经济决策提供依据。如果是企业内部的管理者，还可以进一步总结出管理中的经验教训，发现经营中存在的问题，并探寻问题的原因，找出相应的对策，从而不断改善公司的经营管理，最终实现公司的战略目标。

第三节　精细化成本信息化

一、成本管理的目的及内容

（一）成本管理的目的

传统的成本管理是以企业是否节约为依据，从降低成本乃至力求避免某些费用的发生入手，强调节约和节省。传统成本管理的目的可简单地归纳为减少支出、降低成本。

现代企业的成本管理观念与传统观念相比，已经发生了很大的变化。企业的成本管理活动应以成本效益观念作为支配思想，从"投入"与"产出"的对比分析来看待"投入"（成本）的必要性、合理性，即努力以尽可能少的成本付出，创造尽可能多的使用价值，为企业获取更多的经济效益。现代成本管理的目的可以归纳为提高成本的投入产出效率。

在现代市场经济环境下的企业日常成本管理中，应对比"产出"看"投入"，研究成本增减与收益增减的关系，以确定最有利于提高效益的成本预测和决策方案。

（二）成本管理的内容

先进的成本管理突破了以往只注重产品物料成本的管理，强化包括产品成本、质量成本等生产过程中的全方位成本分析与控制。

成本管理的范畴在企业价值链上不断延伸，向前延伸至市场、销售和研发环节，向后延伸到售后服务环节。这些成本包括营销成本、物流成本、研发成本、售后成本等。

企业开始对物质成本更加关注，譬如人力资源成本、资本成本、服务成本、产权成本等。

综合起来，成本管理的对象包括产品生产成本、质量成本、效率成本、资金占用成本、采购成本、销售或客户成本、风险成本、人力资源成本、环保成本、安全成本等。

利用成本管理所提供的成本信息，譬如产品成本、营销成本等，企业可以进行如下的经营决策：产品的盈利分析和产品组合决策；销售活动中运用成本信息进行定价决策；生产活动中运用成本信息进行自制或外包决策。

从成本管理的过程来看，成本管理可以分为两大部分：成本核算与成本控制。成本核算是成本控制的基础，没有准确的成本核算信息，成本控制无从谈起；成本控制的目的是提高成本投入的产出效率。

（三）典型的成本管理方法

典型的成本管理方法如图5-15所示。

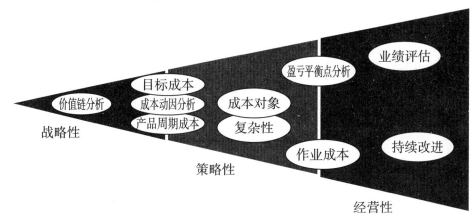

图5-15　典型的成本管理方法

按照成本管理的目标不同，成本管理方法包括战略性、策略性和经营性三个大类，具体有以下方法：

1.价值链分析法是为了解成本的特性和导致差异的根源，将价值链从原材料到最终客户分解为与战略相关联的各种经营活动的方法。

2.目标成本法是一种在设计和开发新产品或服务首先要采用的方法。目的是保证产品和服务在成本上的竞争力，在其生命周期中达到预期的利润。该方法有时也指现有产品和服务的成本降低目标。

3.产品周期成本法用来确定一项产品、品牌或服务从新产品开发到退出市场的整个期间的总成本和盈利能力。

4.成本动因分析法是一种通过确定影响作业成本的因素并对其进行排序的系统方法。该方法可以运用于各种层面的成本管理中。

5.成本对象及组合复杂性——一组随着公司的产品和客户的设计、组合和范围的改变而变化的成本。

6.对象成本法是一种根据作业清单（或流程清单）计算各"成本对象"（如品牌、产品、客户）的技术。

7.作业成本管理法是一项新的管理方法，在企业的内部改进和价值评估方面具有重要的作用。它是利用作业成本法提供的成本信息，面向全流程的系统化、动态化和前瞻性的成本控制方法。作业成本管理把管理的重心深入到作业层次上，包括了作业的管理、分析和改进。

二、成本核算信息化

在传统的手工管理模式下，企业的成本控制受诸多因素的影响，往往不易也不可能实现各个环节的最优控制。而且随着生产自动化程度的提高以及产品种类越来越复杂，这种强调人力劳动因素的粗放型计算方法已经不能满足企业现代管理的需要。

现代成本管理需要一个能协调、计划、监控和管理企业各种成本发生的全面集成化系统，从而协助企业的各项业务活动都面向市场来进行运作。ERP作为现代企业的内部管理平台，除了提供全套的物流解决方案、监控和优化企业的整个生产流程外，也为企业成本管理领域提供了强大的控制和丰富的分析功能。

实施成本管理信息化是中国企业顺应历史潮流、走向全球市场的必然趋势，也是中国企业由传统管理向信息化管理转型的必然选择，更是中国企业提升网络经营能力和市场竞争力的必然要求。

成本核算信息化的主要内容：

（一）成本中心核算

成本核算信息化要支持成本预算、标准成本与实际成本之间的差异对比、成本报告与分析等，有关成本发生都记录到相应的成本中心分别核算，有关数据则同时或定期成批地传送到产品成本模块以及获利分析模块中进行进一步处理。

1.管理会计模块从财务会计中收到它的基本数据和总分类的科目记账。同时，记账凭证中的科目指定条款被扩大到不同的辅助科目指定。例如，科目可赋给创建的成本中心，或赋给一个任务。如果一下指定了多个目标科目指定，则管理会计模块就使用检查规则来确保只有一个影响到成本的对象被记账，其余的则作统计管理。

2.除了初级成本之外，也能够记录相关的条目性质（数量、时间、单位等）。

3.既使用外部会计系统，所有记账业务流程同它们的初级成本要素一起都能通过数据接口传送到管理会计模块中。

4.结果是一个数据组包含了项目层次上与管理会计有关的所有信息。用这种方式，数据就可以独立保存，而与总分类账和明细分类账的归档期间无关。在保存的期间内，管理会计模块中的信息系统可以获取财务模块中的原始凭证。

（二）订单和项目成本核算

成本系统能够进行订单成本和项目成本的归集和核算，其功能的发挥需要企业供应链上下游厂商的协调配合。该系统收集、过滤成本信息，用计划与实际结果之间的对比来协助对订单与项目的监控，同时在现有的基础上对以后的订单与项目计划给出一个预期。而且系统还提供了备选的成本核算及成本分析方案，有助于优化企业对其业务活动的计划与执行。

生产成本管理是企业中面向生产和作业程序的一个职能。成本核算的方法，尤其是制造业公司中的成本核算方法，是由系统模块中的基础数据和程序确定的。通用成本对象包括：

1.物料、加工订单、成本对象层次结构。

2.物料、进程计划表、成本对象层次结构。

3.物料、生产订单。

4.销售订单、生产订单。

5.方案、网络、订单。

（三）产品成本核算

它不仅有成本核算与成本分摊功能，还包括收集有关物流与技术方面的数据，并能对单个产品和服务进行结果分析。产品成本核算模块还能对成本结构、成本要素以及生产运营过程进行监控，对单个对象或整段时期进行预测，另外，基于价值或数量的成本模拟估算所得出的信息能对企业运营过程进行优化。

将生产成本核算定义为一个产品的成本核算。产品可以是有形货物，也可以是无形产品（服务）。生产成本核算的目的是：

1.确定产品的制造成本和销售成本。

2.由比较成本核算来优化产品的制造成本。

3.确定产品的定价基础。

4.为存货评估提供产品的制造成本核算。

5.提供成本对象控制中的差异核算。

6.边际会计收益（与获利能力分析集成）。

（四）成本收益分析

此模块能帮助一些问题顺利找到答案，例如哪类产品或市场会产生最好的效益，一个特定订单的成本和利润的构成分配等，该模块在对这些问题进行分析的同时，销售、市场、产品管理、战略经营计划等模块则根据其分析所提供的第一手面向市场的信息来进行进一步的分析处理，公司因而能判断它目前在现存市场中的位置，并对新市场的潜力进行评估。

（五）利润中心会计

它提供了一个方案，面向那些需要对其战略经营进行定期获利能力分析的企业。该系统使用会计技术来收集业务活动成本、运营费用及结果，分析这些信息以确定每一业务领域的获利效能。

（六）附有管理决策的执行信息系统

决策过程中所用的信息和质量直接取决于收集与准备数据的系统的能力。执行信息系统（EIS）为管理部门提供了一个软件方案，它有自己的数据库，能从企业的不同部门收集包括成本发生在内的各方面的数据，再进行加工汇总使之成为可服务于企业决策的格式。

（七）标准成本

针对现有的留置于库存中的产品进行标准成本估计。这适用于指定的计划期间（通常是一个会计年度）。它确定制造产品的计划成本和销售产品的计划成本，而不考虑客户何时、以什么频次订购这些产品。

在标准成本估计中，直接物料成本由投料量进行核算。直接物料的成本通过以相应的计划价格评估计划数量来取得。然后将物料的间接费用以附加费的方式加以运用。

生产成本的成本核算以在成本计划期间内确定的作业类型和相应作业价格的方式进行。

为此，必须为所有操作建立产品的计划数量。这通常要在一个工作流程中完成。生产的间接成本在证明其不包括在作业价格中后，可以通过基于生产成本中的附加费确定。管理费用和运输保险费用与制造产品的计划成本相关，这是通过以百分比的方式表达的计划手续费率来实现的。

三、成本控制信息化

成本核算的目的是进行分析和有效的成本控制。

（一）流程化的成本控制

流程化的成本控制如图5-16、5-17所示。

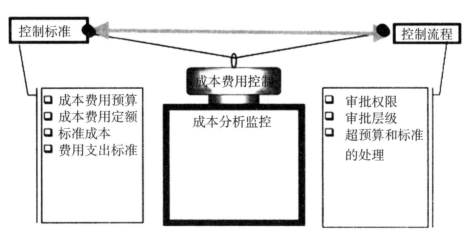

图5-16　成本的控制标准与流程

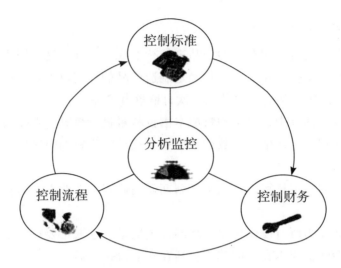

图5-17　成本控制的分析监控

缺乏信息系统支撑的情况下，成本的控制标准和控制流程是脱节的，在控制流程中，不能及时获取控制标准与执行情况的差异数据。成本控制面临的主要困难如下：

没有统一的、数据共享的成本管理平台。

缺乏有效的流程管理工具。

控制标准、定额、预算缺乏有效的载体。

控制过程执行人工操作，效率低下。

成本执行结果没有分析监控工具。

（二）成本控制协同工作平台

1.全面地基于Wb的成本和费用控制解决方案，任何时候、任何地方都可访问系统。

2.建立落实到员工层面的费用控制。

3.不需维护的客户端，软件的升级更新不涉及客户端的改变。

4.用户在熟悉的界面上操作，容易学习和使用。

（三）成本费用控制的具体需求

1.实现费用、资金支出的按标准事前实时控制。

2.多维度费用控制，如按照部门、科目性质、科目属性、费用大类、费用小类、当月预算、累计预算、费用标准等要素进行控制。

3.按照费用类别进行控制，一类应严格按照标准执行，另一类可以不受预算的硬性约束，但需要说明超预算的原因。

4.可以设置预算控制到哪一层级，即预算可以按费用小类编制，也可以按费用大类控制。

5.根据费用性质、金额大小等灵活设置审批流程。

（四）成本费用控制思路

成本费用控制系统通过将预算控制和日常审批流程相结合，在业务活动发生前进行相应的审批过程，从而达到事前控制的目标。在审批流程中，业务活动发起人和审批人能够从系统中实时得到该事项的预算信息（预算数、预算已经执行数、预算余额），并据其做出业务活动能否发生的判断，审批流程如图5-18所示。

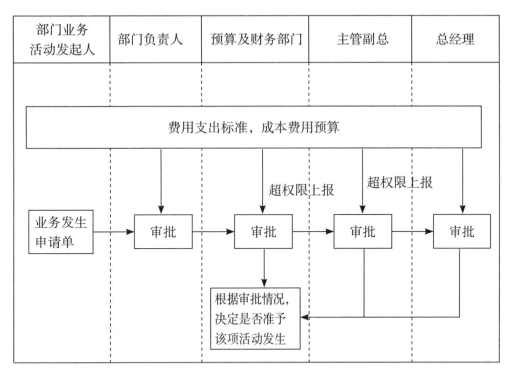

图5-18　成本费用的审批流程

（五）成本费用控制流程

系统提供强大的工作流程建模能力：支持专业的流程建模，支持各种可能的复杂流程定义，包括流程的合并、分流、事件驱动、逻辑控制等。通过需处理任务管理，用户可以更好、更清晰地了解自己需要处理的任务。

流程协作定义：支持复杂流程协作，包括复杂的人员、部门协作、默认和强制合作方式等。

流程与业务信息一体化：在流程环节中可以看到相应的业务信息并执行相应的业务功能。

任务协作定义：支持复杂的多人任务协作模式，包括任务分配模式、执行模式、抢占模式等。

时间控制：支持流程和环节的时间控制，包括时间限定、提醒方式等。

第六章　大数据时代网络财务管理

在大数据网络经济环境下，企业的经营方式和管理模式正发生着巨大的变化，而作为企业核心部分的财务管理也正在经历一个新的阶段。网络技术的快捷性和便利性的特征对传统财务管理的筹资管理、投资管理、财务风险管理和营运资金管理产生了重大的影响，同时为企业更好地进行财务管理提供了一种技术手段。通过本章的学习，应当了解和掌握大数据背景下网络对财务管理各方面所产生的影响，同时了解在网络经济环境下，企业财务管理内容的变化和发展趋势。

第一节　网络财务管理概述

财务管理网络化打破了地域、场所限制，提高了信息传输速度，增加了信息的使用价值，降低了企业成本，并促使传统的财务管理演化为网络财务管理。

一、传统财务管理的局限性

（一）传统财务管理方法不能满足日益发展的电子商务要求

随着电子商务和网络经济的快速发展，传统的企业财务管理的弊端日益凸显。电子商务的特点是贸易双方从磋商、签订合同到支付均通过网络完成，整个交易远程化、实时化、虚拟化。这就使得财务预测、计划、决策等工作的时间缩短，对财务管理方法的及时性、适应性、弹性等提出了更高的要求。传统的财务管理是在没有实现网络化的条件下进行的，使得企业财务部门仍然处在"信息孤岛"上，只能进行事后算账，而无法满足日益发展的电子商务对财务管理方法提出的更高的要求。

（二）在传统财务管理条件下所获得的财务信息具有局限性

1.财务信息失真。财务信息在企业内部和外部传输过程中有可能遗漏，也有可能被人为篡改或人为做假使得财务信息不具有价值，难以为企业管理层提供真实、有效的决策依据。

2.财务信息分散。对于企业特别是大中型企业来说，其内部机构设置繁多，业务复杂，即使同一企业集团下的不同企业也存在着不同的利益关系，因此从企业整体利益角度出发，企业总部所获得的信息比较分散，并且很难获得齐全的信息。这就使得传统财务管理条件下的财务部门无法收集齐全的财务信息，导致传统财务管理的技术质量较低，无法形成高效、畅通的信息传输途径。

3.财务信息滞后。由于大规模企业的下属机构和部门较多，位置分布在不同地区，故从企业整体讲，要对所有部门的财务信息进行汇总、分析，在较短时间内是无法完成的，这也就使得无法将有用的信息及时提供给企业决策层，也无法及时将信息传输给需要该信息的相关部门。

（三）传统条件下的财务管理与现代企业管理模式不匹配

在电子商务环境下，企业对财务管理方法要求更高，研究的内容更加广泛，并要求在财务管理方式上实现电算化、业务协同、在线管理、远程处理等。而传统的财务管理不能真正打破时空限制，并且与业务活动在运作上存在时间差，这导致企业内部各部门之间的信息不能相互衔接、相互利用，企业的财务资源不能实现最优化配置。

二、网络财务管理的概念与特征

（一）网络财务管理的概念

网络财务管理是指在一定的网络环境下，以内部网和因特网为手段，将信息技术与财务管理技术相结合，实现对企业筹资、投资等财务活动的网络化管理的一种财务管理方式。作为一种新型的全面基于网络技术的财务管理模式，它具有以下特点：

1.从空间上看，企业的一切业务活动都可通过网络进行远程处理，便于整合企业的财务资源，全面提高企业的竞争力。

2.从时间上看，企业的一切活动均可以通过网络进行实时报告，便于企业管理层进行网络化管理，从而提高企业的工作效率。

3.在网络财务条件下，电子化货币将得到普及，这不仅极大地提高了结算效率，更重要的是加快了企业资金周转速度，降低了企业资金成本。在这种条件下，企业财务信息能够以更快的速度、更灵活的方式及更广泛的共享性满足各个利益相关者不同的信息需求，进而帮助企业管理层更加有序地管理企业。

（二）网络财务管理的特征

网络财务管理突破了传统管理模式，形成了与网络技术相结合的全新的财务管理模式，其特征表现为以下几方面：

1.实现资源共享

在网络化条件下，企业通过网络技术对信息进行整合，对各项经济业务进行网络化处理，并与企业外部的信息系统相结合，从而实现了企业资源的共享。

2.实现远程处理

在网络技术普及之前，由于受空间限制，企业对不同地域部门进行财务管理的技术难度和成本都很高。网络财务管理则突破了这一空间限制，使企业各部门之间的物理距离大大缩短，企业财务管理能力能够通过网络延伸到全球的任何一个节点，从而强化了企业管理层对各部门的财务监控。

3.实现财务管理方式和手段的创新

与网络技术相结合，促进了财务管理的现代化，为财务管理职能的拓宽提供了技术条件。企业通过建立现代化的财务管理系统，实现了高效的业务集成和财务管理角色的转变，并促进了企业财务管理手段的不断创新。

4.实现财务集中管理

（1）信息的集中。在网络财务条件下，实现了信息的高度集中，这种集中改变了传统财务管理条件下的事后集中，实现了实时的动态集中。通过信息集中，可将分散在各个部门的信息集中起来并作为信息资源提供给相应的部门，使各部门各尽其责，达到将集中的权力分解，调控资金流和物流的目的；可将分散在各部门的财务信息集中起来，为企业管理层提供决策依据。

（2）管理的集中。在网络财务环境下，企业进行集中管理，有利于整合企业的财务资源，全面提高企业的市场竞争力。利用网络财务管理系统对二级部门实现集中财务管理、集中资金调配，可为企业领导提供经营状况的实时信息，实现事前计划、事中控制和事后监督相结合的集中管理。

5.实现财务信息与业务信息协同

（1）与组织内部业务的协同。它贯穿于组织的全程业务中，包括网上采购、网上销售、库存管理、网上服务及网上费用管理等。财务部门的预算控制、资金准备、网上支付、网上结算等工作应与业务部门的工作协同进行。

（2）与供应链的协同。企业是整个供应链上的一部分，供应链上的其他部分为供应商、运输商、零售商和客户等。与供应链相对应的是持续不断的信息流、产品流和资金流，与供应链协同的目标是实现供应链的整体价值最大化。在企业内部，各部门在供销、控制、预测等业务活动过程中时时都会产生各种信息，并伴有财务信息，企业需及时将这些财务信息输入财务管理系统并进行处理，再将产生的结果反馈给业务系统，实现财务业务的协同处理并集成各种管理信息。

（3）与社会其他相关部门的协同。企业在发生经济行为的同时，需要借助企业外部的其他一些条件，以保证这种经济行为的顺利完成。

（三）网络财务管理的目标

传统财务管理的目标是实现企业利益最大化和价值最大化，这些目标均以本企业为主体，注重企业自身的利益。在网络财务条件下，财务管理目标向多元化发展，即在注重本企业利益和价值的同时，也追求其他相关者的利益；既关注企业自身利益，也关注社会利益。由此可见，网络财务管理目标逐步演化为以下几点：

1.兼顾相关利益主体的利益。相关利益主体包括股东、债权人、企业职工、顾客、供应商、政府部门和其他相关利益主体。不同相关利益主体所处的地位不同，其所体现的目的也不同，如企业股东期望财富最大化，企业员工期望薪金收入最大化，债权人期望能如期收回本金和利息等。因此，在网络财务环境下，企业需要兼顾和均衡各相关利益主体的利益要求：既考虑企业股东的利益，又兼顾其他利益相关者的要求；既要适应网络经济时代的发展要求，又要体现企业持续发展的财富特征。只有这样，企业才有可能实现目标，达到企业利益和价值的最大化。

2.履行企业的社会责任。企业出于自身发展的需要必须重视社会责任。企业将履行社会责任纳入财务目标体系，既有助于企业实现经营目标，也有助于企业自身和社会的发展。

3.保持企业的可持续增长。财务管理必须考虑企业未来的增长能力，不仅要追求现实利益，更要关注企业的未来预期利益，以保证企业的可持续发展。这就要求企业在现实利益和未来利益之间找到一个平衡点，以真正实现企业利益和价值的最大化。

网络时代的企业财务管理既要兼顾企业内部利益和外部利益，又要考虑现实利益和未来利益，从而实现相关利益主体的共同目标。

第二节　网络筹资管理

一、企业筹资概述

筹资是企业财务管理的重要内容之一，是指企业根据自身的生产经营、对外投资及调整资金结构的需要，通过筹资渠道和筹资市场，采取各种筹资方式，筹集企业所需资金的活动。企业进行筹资的主要目的就是为了满足其正常生产经营活动的开展和持续发展的要求，同时满足企业的财务管理目标。不同企业进行筹资的目的不同，因此，企业需要根据自身经营特点、未来发展趋势、各种筹资成本的难易程度和风险来确定筹资渠道和筹资方式。

（一）筹资渠道

企业要进行筹资，必须通过一定的渠道，运用一定的筹资方式。就目前而言，企业所能利用的筹资渠道主要有以下几个：

1.国家财政资金。国家财政资金在过去一段时间一直是我国国有企业获得资金的主要来源。目前的国有控股企业的资本基本上来源于国家财政拨款。此外，通过国家的一些特殊政策，如税款的减免或退回也可形成国有企业的资本。尽管随着经济体制改革的不断深入，国家财政资金所形成的企业资本的比例不断缩小，但是国家财政资金仍然是一些企业，如关系到国计民生、基础性行业的企业进行筹资的主要渠道。

2.银行资金。银行的贷款一直是企业资金来源的重要渠道。我国银行主要包括政策性银行和商业性银行，商业银行根据偿还性原则和择优发放原则为各类企业提供商业性贷款；政策性银行为特定企业提供政策性贷款，其目的不是为了盈利，而是追求社会整体效益，服务于公共利益。这些银行为企业提供了主要的筹资渠道。

3.非银行金融机构资金。非银行金融机构主要包括信托投资公司、租赁公司、证券公司和保险公司等。这些非银行金融机构主要通过证券承销和资金融通等手段为企业提供筹资渠道。目前在我国，非银行金融机构为企业提供的资金比较有限，但是具有非常广阔的前景。

4.其他企业资金。一些企业出于某种目的，如为了控制原材料上游企业会进行股权投资。另外，企业在生产经营过程中，往往会有一部分暂时闲置资金，为了充分利用这部分闲置资金，企业之间也会出于经济利益进行相互投资。因此，对于资金短缺的企业而言，采用其他企业所提供的资金也是一种筹资渠道。

5.居民个人资金。目前，游离于银行及非银行金融机构的居民个人资金数目非常庞大，企业可以通过发行股票及债券等方式，将这部分民间资金筹集起来，用于企业的生产经营活动。随着人民生活水平的不断提高，居民个人资金将更加庞大，因此，这种筹资渠道将越发重要。

6.企业内部资金。企业内部资金主要有企业计提的各项公积金、折旧和未分配利润等。与其他筹资渠道所不同的是，这种筹资渠道的资金不用企业特地去筹集，而是由企业内部直接转移而来，并且这部分资金的成本较低。随着经济的发展，这种筹资渠道将日益受到企业重视。

（二）筹资方式

企业的筹资方式是指企业取得资金的某种具体形式。对不同的筹资渠道，企业可以采取不同的筹资方式，对同一筹资渠道，企业也可以采取不同的筹资方式。目前，企业的筹资方式主要有以下几种：

1.长期借款。长期借款就是指企业向银行、非银行金融机构及其他企业借入的，还款期限在一年以上的借款，是企业长期负债的主要来源之一。

企业利用长期借款筹资，速度较快，时间较短，可以快速地获得资金；企业的借款成本较低，利息可以在所得税前扣除，从而可减少企业实际负担成本；并且企业的借款弹性较大，在借款时，企业可以直接与银行等商定贷款合同的一些条款。因此，长期借款对企业具有较大的灵活性。

但长期借款的缺点是财务风险较大，如借款合同通常采取固定利率的形式，企业需要定期支付利息；限制的条件较多，这可能会影响到企业以后所进行的筹资和投资活动；筹资数额有限。

2.融资租赁。融资租赁又称财务租赁，是区别于经营租赁的一种长期租赁方式。它是指由租赁公司按照承租企业的要求融资购买设备，并在契约或合同规定的较长期限内提供给承租企业使用的信用性业务。融资租赁资产所有权的有关风险和报酬实质上已全部转移到承租方。

承租企业采用融资租赁的主要目的是融通资金，因此它具有借贷性质，是承租企业筹集长期借入资金的一种方式。这种方式的租赁期限一般较长，通常达到设备寿命的一半以上；租赁合同比较稳定，非经双方同意，一般不得中途解约，这有利于维护双方的权益；同时筹资速度较快，有利于保存企业的举债能力；并且财务风险较小，可以获得减税的利益。它的缺点是租赁成本较高，这主要是因为出租人所承受的风险较高，必然要求较高的回报，从而导致筹资成本比其他筹资方式要高；同时还有可能存在利率风险。

3.发行债券。债券是债务人为筹集债务资本而发行的，承诺在一定期限内向债权人还本付息的一种有价证券。在我国，股份有限公司和有限责任公司发行的债券为公司债券，非公司制企业发行的债券为企业债券。发行债券是企业筹集债务资本的一种主要方式。

这种筹资方式的优点是债务成本较低，债券利息也可以在企业所得税前扣除，并享受税上优惠；同时可以发挥财务杠杆的作用，因为债券持有人只能收取固定利息，而不管发行债券企业的盈余多少，所以企业的更多盈余主要分配给股东或留存企业；企业股东能够保障其控股权，债券持有人无权参与企业的经营管理；企业通过发行债券还可以优化企业的资本结构，提高企业治理水平。

但其缺点是企业财务风险较高，需定期支付利息，到期偿还本金。在企业经济不景气的情况下，这会给企业带来财务困难；而且债券持有人对企业的限制条件较多，从而限制了企业的进一步筹资能力；企业通过发行债券的数额也有限。

4.发行股票。股票是股份公司依照一定程序发行的，用以证明其持股人的股东身份和权益的一种书面凭据。股票分为普通股和优先股，普通股代表持股人在公司中拥有平等的权利和义务，享有公司的经营管理权；优先股代表持股人优先于普通股持股人取得公司股利和公司清算时的剩余财产。我国公司所发行的股票指的是普通股股票。《公司法》和《证券法》对公司的普通股股票的发行和股票的上市有严格的要求和法定的程序。

公司发行普通股的优点是不承担固定的股利分配，是否分配股利视公司的盈利情况而定；没有固定的到期日，因为它是一种永久性资本，除非公司清算时有剩余才予以偿还；它还有助于增强公司的借债能力。

这种筹资方式同样也有缺点：公司发行股票的成本较高，这主要是因为投资者投资在股票上的风险较高，所以要求有较高的报酬，并且股利只能在税后利润中支付，不能减免税赋；公司发行股票有可能分散公司的控股权，降低公司的每股收益。

5.吸收直接投资。吸收直接投资是指企业依照"共同投资、共同经营、共担风险、共享利润"的原则来吸收投资者资金投入的一种筹资方式，投资者可以现金、实物或土地使用权等方式进行投资。企业吸收直接投资的方式与公司发行股票相似，它主要是非公司制企业筹集资本的一种方式。

这种筹资方式的优点是有利于降低企业财务风险，吸收的资金能尽快投入到企业生产经营中去。其缺点同样是资金成本较高，容易分散企业控制权。

二、网络对企业筹资环境的影响

网络技术的广泛使用使企业内外部环境悄然发生了变化，并最终影响到了企业筹资活动的开展和进行。这种影响主要体现在以下几方面：

（一）金融市场环境

在现代的社会经济条件下，企业开展生产经营活动所需的资金除部分由企业所有者投入外，其余资金基本上都是通过金融市场筹集而来的，因此金融市场的完善程度直接关系到企业能否筹集到为开展生产经营活动所需的资金。而网络技术为金融市场的发展提供了技术支持和保障，促进了金融市场的全球化和自由化，同时为企业提供了良好的筹资环境。

1.网络技术的产生和发展为企业筹集资金提供了极大的便利和信息支持。在网络条件下，资金提供方可以将资金供应方面的相关信息随时随地发布在网络上，而资金需求方同样可以利用网络技术方便地收集资金提供的相关信息，这为企业筹资决策提供了极大的便利和信息支持。

2.网络技术的产生和发展大大提高了企业筹集资金的速度。由于网络技术具有便利性的特征，故筹资企业可以通过网络技术随时就资金提供的有关条件与资金提供方进行实时协商。一旦双方就有关资金的转移达成一致，筹资企业可以很快地获得资金，这极大地提高了企业筹集资金的速度。企业通过网络筹资还可以省去大量的中间环节，极大程度地提高筹资速度，降低企业的筹资成本；同时，筹资速度的大大提高也在一定程度上缓解了企业急需资金的压力，企业可以迅速地将所筹集的资金投入到企业的生产经营活动中去。

3.网络技术的产生和发展为企业提供了更为广阔的资金筹集空间。网络技术的广泛应用，使得金融市场最终实现一体化，企业的筹资空间已不再局限于当前的金融环境。企业可以通过网络技术在全球范围内寻找资金提供者，并与资金提供者建立联系，这与受地域限制的传统金融环境是截然不同的，也是传统金融环境所不能比拟的。在这种条件下，企业筹资空间已不受地域限制，筹资范围得到极大地拓展，这对筹资企业来说无疑具有重大的意义。

（二）经济环境

网络技术的出现与社会经济的发展是密不可分的，两者之间存在着相互影响、相互促进的关系。网络技术对经济环境的影响主要体现在以下几方面：

1.促使经济全球化。网络技术的快速发展，促使世界范围内各国、各地区的经济相互交织、相互影响、相互融合成统一整体，并且使得生产要素在全球范围内自由流动和优化配置。

2.知识资本越来越受到重视。网络经济时代拓宽了资产的范围，使得资本结构得到了改变，物资资产在企业资产中的比重相对下降，知识资本的地位不断上升。知识资本作为独特的生产要素，其价值和作用日益凸显。

网络技术的快速发展对企业筹资的金融环境与经济环境产生了深远的影响，并在对企业筹资环境产生影响的同时也影响了企业的筹资方式和筹资的资金成本。

三、网络对企业筹资方式的影响

筹资方式是企业筹资决策的重要部分。外部的筹资环境和企业的筹资能力共同决定了企业的筹资方式。而网络技术是企业在进行筹资活动时必须考虑的一个重要因素，它直接影响了企业的筹资方式的选择和财务风险水平。

（一）网络技术的产生和发展影响企业筹资方式的侧重点

网络技术作为企业进行筹资活动的一种重要手段，并没有改变企业所能选择的筹资方式，没有对企业所能采取的筹资方式本身产生实质性的影响。网络技术对企业筹资方式所产生的影响主要体现在企业对各种传统筹资方式选择的侧重点上。网络技术为企业进行筹资活动提供了便利，这就使得企业在方式选择上更偏好于选择方便、快捷的筹资方式。

（二）网络技术的产生和发展影响企业筹资方式的具体选择

企业筹资方式的选择与金融市场的发展有着密切的关系，并直接依赖于金融市场的发展和完善程度。网络技术的产生和发展则为金融市场的高效运行提供了技术支持和保障。网络技术对金融市场的影响主要体现在以下几个方面：促进金融市场的证券化，降低了证券的经营成本；金融市场规模不断扩大，促进了国际资本的有效流动。企业的各种筹资方式由于受网络技术产生和发展的影响，也会随金融市场的不断完善和发展相应地产生一些变化，因此，在筹资方式的选择上，企业必须进行相应的策略调整。

在网络经济条件下，企业筹资方式选择策略的调整主要表现为以下几方面：

首先，证券筹资在企业所筹集资金中的比重不断上升。由于金融市场的证券化和证券筹资成本降低的影响，企业在进行筹集时将更多地选择发行股票或债券等有价证券的方式来筹集企业所需资金。

其次，在企业的各种可以选择的筹资方式中，融资租赁这一筹资方式可能被越来越多的企业所接受。融资租赁是在现代金融环境下发展起来的一种非常特殊的筹资方式，大到飞机、小到机器设备，几乎企业使用的各种设备都可以通过融资进行租赁。但是由于融资租赁这种方式涉及的关联方较多，且多个关联方之间的联系与协商所带来的成本是任何采用这种筹资方式的企业都不可小视的，特别是目前我国企业所融资的设备一般由境外生产的较多，企业在开展融资租赁业务时涉及境外关联方的情形也较多，无疑阻碍了这种筹资方式的广泛使用。

而在网络环境条件下，企业可以通过网络技术方便、快捷地寻找到愿意提供资产租赁的供应信息，并且企业与租赁资产提供方可以通过网络技术实时进行交流与协商，这大大降低了企业融资租赁的成本。在美国，公司生产经营中所需的全部新设备中约有30%是通过租赁获得的，这也印证了网络技术的高度发达极大地促进了融资租赁业务的开展。企业采纳融资租赁方式筹集资金的各种障碍在网络技术下都可以得到很好的解决，同时还提高了企业采用融资租赁这种方式的积极性。

四、网络对企业筹资成本的影响

资金成本是指企业筹集和使用资金所付出的代价。广义上讲，企业筹集和使用资金不论是短期的还是长期的，都要付出代价。狭义上讲，资金成本仅指筹集和使用长期资金的成本。资金成本包括资金筹集费用和资金占用费用两部分。资金筹集费用是指企业在资本筹集过程中为获取资本而支付的费用，如发行股票、债券支付的印刷费用，以及发行手续费用、广告宣传费用等，这些费用都是企业在筹资时一次性支付的，在资本使用过程中不再发生。资金占用费用是指企业占用资本所支付的费用，如向股东支付股利、向债权人支付利息等。

资金成本是一个重要的财务概念，是企业筹资决策的主要依据。对于一个投资项目而言，只要其投资回报率高于筹资成本，该项目就是有利可图的，因此，企业在进行筹资活动时要充分考虑影响筹资成本的各个因素，从而以较低的资金成本筹集到企业进行投资活动所需的资金。企业的外部筹资环境是影响企业筹资成本的一个重要因素，它与资金成本的高低有着直接的联系。而网络技术的产生和发展正在通过影响企业外部筹资环境的方式来影响企业的筹资成本，这种影响主要体现在以下几方面：

（一）网络技术的产生和发展降低了资金筹集费用

如上所述，资金筹集费用主要包括发行股票、债券等期间发生的费用，如印刷费、手续费、宣传费、律师费及资信评估费等，由于这些费用是一次性支付的，并且属于刚性支出，所以企业在对资金成本进行分析时很少关注这些发生的费用。但实际上，企业在进行筹资活动时所发生的筹资费用也构成了企业筹资成本的一项重要内容，直接影响到企业资金成本的高低。

（二）网络技术的出现极大地方便了企业的筹资活动

一方面，企业通过网络技术与资金提供者进行在线磋商等方式节省了筹资活动的前期成本；另一方面，由于网上证券业务随着网络技术的产生得到了快速发展，企业通过网络技术筹集资金又可以节省大量的发行股票、债券等的印刷费用。因此，网络技术的产生和发展为企业节省了大量的筹资费用，降低了筹资费用在企业资金成本中的比重。

（三）网络技术的产生和发展对降低资金占用产生了积极的作用

在传统筹资环境下，企业选择资金供应方一般受到信息传输的限制，并局限于某个区域内，企业筹资范围较小，从而导致企业需要付出较高的资金成本。在网络环境下，企业通过网络技术可以收集到更多的资金提供方的信息，筹资范围已不再局限于某一地域内，企业甚至可以在全球范围内寻求资金提供者，与资金供应方建立联系，洽谈筹资事项等。因此，网络技术的产生和发展，一方面为企业在更大范围内寻求资金供应方提供了支持；另一方面，由于企业有了更多的比较和选择，这就使得企业有更多的机会以较低的资金成本获得所需资金。

第三节 网络投资管理

一、企业投资概述

（一）企业投资的概念及其意义

投资是企业财务活动的重要内容之一，通常是指企业将一定的经济资源投入到一定的对象上，期望在未来取得收益的经济行为。在市场经济条件下，企业能否把筹集到的资金投放到收益高、回收快、风险小的项目上去，对企业的生存和发展具有十分重要的意义。

1.企业投资是实现财务管理目标的基本前提。企业的财务管理目标是不断提高企业价值，增加股东财富，为此企业就要采取各种措施增加利润，降低风险。其中一项重要措施就是进行投资，在投资中获得收益。

2.投资是企业维持和扩大再生产活动的必要手段。在社会经济快速发展的今天，要维持企业的再生产活动，扩大再生产经营规模，就必须不断更新生产所需的机器设备，增加人力、物力，对产品和生产工艺进行改革，同时不断提高企业员工的专业技术水平和文化素质等。企业只有通过一系列的投资活动，才能维持和扩大再生产活动。

3.投资是企业降低经营风险的重要方法。企业把所筹集的资金投放到生产经营急需的关键环节或薄弱环节中，可以使各种生产经营能力配套、平衡，形成更大的综合生产能力。企业如把资金投入到多个非相关行业，并实行多元化经营，则能较好地降低企业经营风险，增强企业的盈利能力。

（二）企业投资的分类

为了加强投资管理，提高投资效益，必须分清投资的性质，对投资进行科学的分类。常用的分类方法有如下几种：

1.直接投资和间接投资。直接投资是指把资金投放于生产经营性资产中，以便获取利润的投资。在非金融性企业中，直接投资所占比重很大。间接投资又称证券投资，是指把资金投放于证券等金融资产，以便取得股利或利息收入的投资。随着我国金融市场的完善和多渠道筹资的形成，间接投资将越来越广泛。

2.对内投资和对外投资。对内投资又称内部投资，是指把资金投在企业内部，用以购置各种生产经营所用资产的投资。对外投资是指企业以现金、实物、无形资产等方式或者以购买股票、债券等有价证券方式对其他单位进行的投资。对内投资都是直接投资，对外投资主要是间接投资，也可以是直接投资。随着企业横向经济联合的开展，对外投资将变得越来越重要。

（三）影响投资的因素

1.筹资能力

投资是筹资的目的和归宿，筹资同时对投资起着约束作用。筹资的规模和时间不仅取决于投资的需求，还受许多因素的影响和制约，如金融市场行情的波动、投资者心理预期的变化等。面对好的机会，企业如不能及时筹集到资金，就有可能错失投资时机，因此企业需要维持较强的筹资能力，以把握投资机会。

2.投资动机

企业进行投资的根本动机就是追求投资收益最大化。在筹资能力有保障的前提下，投资收益的高低是决定投资方案是否被采纳的关键因素。投资者要充分收集和积累各种信息资源，善于进行深入细致的市场分析，并在金融市场中寻找投资机会。投资者既不能因优柔寡断错失机会，也不能盲目地进行投资。

3.投资风险

投资风险就是指由于环境的不确定性而导致在投资活动上遭受经济损失的可能性，或不能获得预期投资收益的可能性。因此企业要有风险意识，要分析各种风险产生的可能性及对投资收益产生的影响，同时要建立风险预警和防范机制，预防风险的发生。风险一旦发生，应及时将其可能产生的损失控制在最小范围内。

4.投资成本

企业进行投资时，首先要进行分析的就是投资成本。投资成本包括从分析、决策投资开始到收回全部投资的整个过程中所发生的全部支出。投资成本的高低直接决定了企业在投资活动中所能获得的收益高低，因此，企业进行投资活动分析时必须首先考虑投资成本，如果投资成本高于投资收益，那这种投资就毫无意义了。

5.投资管理和经营控制能力

与对内投资管理相比，对外投资管理涉及因素多，关系复杂，管理难度大，因此，企业在进行对外投资前必须考虑企业自身的投资管理和经营控制能力。如果企业所进行的投资规模与范围超出了企业的管理能力，则这种投资不仅不能给企业带来收益，而且有可能使企业自身陷入困境，甚至有可能导致破产。

6.投资环境

投资环境就是企业内、外各种影响企业投资活动的因素总和。企业的投资活动都是在这样一个环境下展开的。由于现代市场经济下的投资环境具有构成复杂、变化快等特点，所以企业在进行投资活动时必须对投资环境进行分析与把握。

二、网络对企业投资环境的影响

网络技术的产生和发展会对企业的内、外部环境造成不同程度的影响，进而影响到企业的投资活动。企业要充分把握这种环境下的投资活动的特征，这对于企业取得良好的投资效果是非常有必要的。

（一）网络技术的产生和发展对社会文化差异产生的影响

网络将"你""我"彼此联系在了一起，使得边界概念日趋模糊；信息通过网络技术在全球范围内传输，使得投资者可以轻而易举地获得投资信息，投资者的投资范围也就扩大到了全球范围。企业在进行跨区域，特别是跨国投资时所面临的最大问题是不同文化之间的价值观、思维方式和行为准则之间存在着明显差异。如在跨国投资的企业中，不同国籍、不同文化背景的人员在一起工作，管理原则与方法却各不相同，美国鼓励员工积极参与，以个人主义为核心；而日本则强调共同合作、团结共进等。因此，在母国文化中行之有效的管理原则与方法，在异国文化中却不一定能达到预期的效果。但是网络技术的产生，在促使全球一体化进程的同时，也增加了各国各民族之间的相互联系与相互了解，加强了不同文化的交融和相互认同。通过网络可以方便、快速地了解不同民族和国家的文化与风俗，了解他们的思维方式和价值观，这就为企业进行跨国投资活动提供了方便。因此，企业在进行跨国投资活动时，首要条件是对不同国家、不同地区的文化差异进行一个全面的了解和掌握，同时要"入乡随俗"，这也是企业进行跨国投资活动能否成功的一个关键因素。

（二）网络技术的产生和发展对管理差异产生的影响

网络技术的产生和发展促使跨国投资迅猛发展，与此同时带来了一系列跨国投资活动中的投资管理差异问题。因此，在进行跨国投资活动时必须要改变管理方式。在具体管理细节上，将网络技术运用于企业管理中使远程进行实时监控成为可能，这也解决了跨地区、跨国投资导致的监控难的问题。同时应针对不同国家、不同地区采取不同的管理方式，只有这样才能保证企业的跨地区、跨国项目的投资管理质量，同时减少为管理投资项目而付出的管理成本。

（三）网络技术的产生和发展对企业选择投资机会产生的影响

企业在进行投资活动时，首先要选择投资机会。投资机会的选择有赖于企业对自身及外部环境的了解和认识，有赖于企业对商业机会的把握。商业机会与企业外部环境的变化息息相关，在变化之中又孕育着商业机会。网络技术的出现提高了企业在选择投资机会时收集信息的速度，并使企业能及时对信息进行分析，从而提高了其选择投资机会的效率和效益。

三、网络对企业投资方式的影响

企业的投资活动都要通过一定的投资方式进行。一般来说，投资方式主要分为对内投资和对外投资。对内投资主要包括固定资产投资、流动资产投资等；对外投资则主要包括股权投资、金融资产投资等。企业所能选择的投资方式一般要受多种因素的影响，而网络技术的出现是影响企业投资方式的一个重要原因。

（一）以组建虚拟企业形式进行产权投资

在传统的经济环境下，企业一般采取纵向一体化的方式来保证企业与其供应商及分销商之间的稳定关系。这种纵向一体化是指企业通过采取投资控股或兼并等方式来实现对提供原材料、半成品或零部件的企业及分销商的控制，也即以产权为纽带来实现核心企业与其供应商和分销商之间的稳定关系。进入网络经济时代之后，企业的经营环境发生了显著的变化，这种变化突出表现在企业所面对的是一个变化迅速的买方市场。在这一环境下，企业对未来的预测显得越来越难把握，相应地，企业要保持在市场竞争中的主动地位，就必须具有对市场中出现的各种机会做出快速反应的能力，而以往的纵向一体化模式显然难以实现这一要求。因为在以产权为纽带的纵向一体化模式下，企业与其供应商与分销商之间是一种非常稳固的关系，这种稳固关系是为把握以往的某种市场机会而建立的。当以往的市场机会已经不存在，或者企业需要把握更好的新的市场机会时，企业将更多地选择以组建虚拟企业的形式进行产权投资，通过与供应商及分销商之间建立伙伴关系而结成利益共同体，形成一个策略联盟；当相应的市场机会消失时，这种伙伴关系的解除不管是从时间上还是从成本上都比纵向一体化的影响要小得多，同时，网络技术的快速发展又为企业在寻找合作伙伴上提供了更加广阔的空间。

（二）无形资产投资比重加大

这是由网络经济的自身特点所决定的。在企业的资产结构中，以知识为基础的专利权、商标使用权、人力资本及产品创新等无形资产的比重将会大大提高，无形资产将成为促使企业快速发展的一个重要动力，成为企业生产和再生产过程中不可或缺的重要因素。因此，网络技术的产生和发展促使企业不断完善资本结构，充分利用知识资本为企业创造价值，挖掘知识资本潜在的收益能力。

（三）金融投资中的证券投资比重提高

网络环境下证券市场交易的便捷性和资产证券化趋势的凸显将使企业在考虑投资方式时，对金融资产投资予以更多的关注，企业在股票、债券等方面的投资在其全部投资中的比重将有更大的提高，这主要是由于以下几个原因：

1.网络技术具有成本优势

在传统证券业务模式下，在作为交易中介的证券商经营证券业务的过程中必然会产生许多交易费用，这些交易费用在网上证券业务模式下都将大大下降。

2.网络技术的便利性和快捷性

网络技术的这些特点使得企业在进行证券投资时，无论处于何时何地，只要通过网络技术就可以非常便利、快捷地获得相关信息以进行证券的买卖。这也是网上证券业务迅猛发展的重要原因之一。

3.网络技术能使企业快速获得证券投资的相关资讯

企业要进行证券投资，前提是要掌握充分的投资决策的相关信息。网上证券业务的开展可以使企业通过网络技术获得及时更新的及经过深入分析和研究的证券投资的相关信息，这些信息的获取可以在极大程度上支持企业的投资决策。

四、网络对企业投资决策的影响

投资决策是企业所有决策中最为关键、最为重要的决策，因此我们常说投资决策失误是企业最大的失误。一个重要的投资决策失误往往会使一个企业陷入困境，甚至破产。因此，财务管理的一项极为重要的职能就是为企业当好参谋，把好投资决策关。

（一）网络技术的产生和发展对投资决策方法的影响

对于企业投资决策而言，其可以采纳的投资决策方法很多，一般可以分为定性决策方法和定量决策方法。定性决策方法主要是指依靠企业管理人员的主观判断和历史经验而进行的投资决策；定量决策方法是指应用数学模型和公式来解决一些决策问题，即运用数学工具，建立反映各种因素及其关系的数学模型，并通过对这种数学模型的计算和求解选择出最佳的决策方案。

从定性及定量决策方法的发展与运用方面来看，定量决策方法有迅速增长的趋势，对决策问题进行定量分析，可以提高决策的时效性和准确性。随着企业投资活动的增长及其所考虑因素的不断增加，企业在进行投资决策时所需要考虑的变量也将随之增长。在这种环境下，定性决策方法所能体现的作用越来越小，定量决策方法则越显重要。

在网络环境下，随着影响企业投资决策因素的增加，且各种因素之间也存在着相互影响和相互作用的关系，因此，对与网络环境关系较为密切的决策问题而言，定性决策方法适用的范围进一步缩小。而定量决策方法具有科学性和准确性的特征，且不受人为因素的影响，网络技术的产生正好符合了定量决策方法的这种要求，并为定量决策方法提高决策的准确性提供了技术条件，因此，定量决策方法在网络环境下将有更为广阔的运用空间。

（二）网络技术的产生和发展对相关投资决策信息的影响

企业要进行科学合理的投资决策，前提是要获取充分的投资决策的相关信息。在传统条件下，企业要收集支持投资决策的信息比较困难，并且要花费大量的前期成本。网络技术的产生则为企业及时收集各种决策相关的信息提供了一种科学而先进的工具，使得企业可以较低的成本方便、快捷地获得为决策提供依据的相关信息。因此，网络技术的产生和发展将促进企业投资决策的科学化，为企业投资决策质量的提高提供信息保障。

（三）网络技术的产生和发展对相关投资决策者的影响

网络经济环境下的投资活动往往不会仅仅局限于某个单一领域，而是会涉及多个不同的领域。因此，在企业进行投资活动时，相关决策人员必须具备较高的知识水平和文化素质，并要善于把握企业所进行投资活动的本质，进行科学合理的投资决策。在个人知识水平无法达到特定投资决策的要求时，组织决策团队解决特定的投资项目将成为必然。

在网络经济环境下，相关项目的投资决策人员必须对网络经济模式有较好的了解，必须在具备多学科知识的同时具有团队精神，所有这些都是网络经济环境下对相关投资决策者的能力提出的要求。